三方协同视域下
农牧电商产业学院建设研究

雷欣欣 著

电子科技大学出版社
University of Electronic Science and Technology of China Press
·成都·

图书在版编目（CIP）数据

三方协同视域下农牧电商产业学院建设研究 / 雷欣
欣著. -- 成都：成都电子科大出版社，2025. 3.
ISBN 978-7-5770-1550-7

Ⅰ. F724.6

中国国家版本馆 CIP 数据核字第 20250ZG423 号

三方协同视域下农牧电商产业学院建设研究
SANFANG XIETONG SHIYU XIA NONGMU DIANSHANG CHANYE XUEYUAN JIANSHE YANJIU

雷欣欣　著

策划编辑　雷晓丽　仲　谋
责任编辑　仲　谋
责任校对　雷晓丽
责任印制　梁　硕

出版发行　电子科技大学出版社
　　　　　成都市一环路东一段159号电子信息产业大厦九楼　邮编 610051
主　　页　www.uestcp.com.cn
服务电话　028-83203399
邮购电话　028-83201495

印　　刷　成都久之印刷有限公司
成品尺寸　170 mm×240 mm
印　　张　9.5
字　　数　150千字
版　　次　2025年3月第1版
印　　次　2025年3月第1次印刷
书　　号　ISBN 978-7-5770-1550-7
定　　价　56.00元

前　言

随着我国职业教育的发展，国家出台了一系列完善职业教育产教融合的制度。其中，一种新型产教融合的育人组织形态——产业学院应运而生。产业学院集人才培养与培训、技术研发、社会服务等多功能于一体，在推动职业教育形成产教融合、校企合作、工学结合、知行合一的育人机制方面，起到了非常重要的作用。

学界对产业学院的科学界定、理论基础、发展内涵、实践逻辑进行了深入研究，形成了丰硕的理论成果。高职院校在国家产业学院相关政策的指导下，不断地进行改革实践创新，利用地区优势，结合学校特点，发展了形式多样、取得实效的产业学院育人新模式。本书基于高职院校产业学院高质量发展的背景，对政府、高职院校、企业三方协同共建的农牧电商产业学院的建设进行研究。作者先梳理了产业学院发展建设的研究基础，如产教融合、校企合作与创新创业教育等内容，再从产业学院概述、农牧电商产业学院的发展、政校企三方在产业学院中的功能与关系定位、三方协同的农牧电商产业学院人才培养等维度，层层递进地系统讨论了农牧电商产业学院建设的理念与实践路径等基本问题。另外，本书坚持在"大思政"格局下，从产业学院"教书"与"育人"融合发展的立场出发，吸收了乡村振兴与课程思政中育人工作的方式方法，旨在进一步提升产业学院办学质量，更好地发挥产业学院在人才培养方面的优势，促进高职院校高质量发展。

作者在撰写本书过程参阅并引用了一些文献，在此对其原作者们表示感谢！同时，本书的撰写得到了同事及家人的帮助及支持，在此也一并表示感谢！因作者水平有限，书中难免存在疏漏，敬请读者批评指正。

目　录

第一章　产教融合、校企合作与创新创业教育

在当今社会，随着教育与产业融合趋势的日益显著，产教融合、校企合作成为推动高等职业教育乃至整个高等教育质量提升与经济社会发展的重要途径。在这一背景下，创新创业教育作为连接知识与实践、理论与应用的桥梁，正逐步成为教育改革的新焦点。深化产教融合，促进校企紧密合作，不仅能够有效提升学生的实践能力与创新精神，还能够为企业注入新鲜血液，推动产业升级与转型。将产教融合、校企合作与创新创业教育进行有机融合，对于培养新时代所需的高素质创新人才，具有不可估量的价值与意义。鉴于此，本章主要围绕产教融合、校企合作与创新创业教育进行研究，并分别探究其与三方协同的关系。

第一节　产教融合

一、产教融合的产生与发展背景

产教融合作为教育行业的新兴理念，源自高等职业院校对职业人才培养需求的深刻洞察，并逐步渗透到各教育层次的人才培养模式中。产教融合不仅是职业教育应对时代挑战的明智选择，更是现代社会对人才培养模式的深刻反思。如今，这一理念已被众多人才培养机构所接纳，成为推动教育与社会发展深度融合的重要力量。

产教融合的相关构想是从无到有、从模糊到具体的过程，这符合事物发展的一般规律，更加符合教育发展的规律①。产教融合在更深层次上实现了学生与生产实践的融合发展。学生与产业这两个主体的深度合作有利于提高教育行业与企业的发展水平，从而实现学校办学与企业效益的双丰收。

产教融合是中国职业教育发展的重要方向，是促进教育链、人才链、产业链与创新链有机衔接的重要举措②。产教融合与校企合作的不同之处在于，学校与企业的合作深度不同、紧密程度不同，产教结合的形式不同。产教融合的最大优势在于学校与企业建立的纵深、高效、稳定、紧密的关系，通过产教融合的培养模式，学校办学实力提升和企业发展实现了双赢。产教融合的培养方向有两个：①培养实践水平高、创新能力强的实用人才；②培养以研发和学术研究为主的科研人才。无论哪种培养方向，最终结果都是一样的。学生适应社会的能力、个人综合素养得到了显著提高，能更加顺畅地完成从校园到企业、从学生到社会人的转变；企业获得了高素质的人才队伍，使劳动力这一生产力发展中最活跃要素的素质得到了大幅提升，这势必会促进区域经济水平的提高，进而推动整个社会的发展。这一连锁的发展链条让越来越多的学校和企业看到了新契机，并主动参与其中，产教融合因此进入了发展的快车道。

产教融合之路并非坦途，其发展过程充满了探索与尝试。作为融合的主体，学校与企业均历经长时间的摸索，以期找到最为契合的合作模式。在秉持双赢理念、共担责任、共享利益的基础上，双方逐渐在互补互助、相互制约的关系中确立了合作关系。在产教融合实践中，一种广受业界认可的方式是吸纳具有管理和技术优势的企业加入校企合作联盟。企业凭借其管理和技术要素参与生产，而职业院校则以学生和生产设备为投入。双方共同制定教学生产计划，并在产品生产的各个环节中融入教学内容。在这一过程中，教师与学生得以了解甚至掌握企业的管理和生产技术，学生

---

① 黄艳.产教融合的研究与实践[M].北京：北京理工大学出版社，2019：2.

② 任聪敏.职业教育产教融合的发展演进、形成原因与未来展望[J].教育与职业，2021，（4）：25.

还能深入了解产品生产的流程。同时，企业在低成本投入下实现了经济效益的提升，学校与企业均取得了显著的发展成果，真正实现了双赢。

社会经济的发展除了给职业教育提供基本的物质保障，还产生了以下重大影响：更多实力雄厚的企业加入了校企合作的联盟，创造了优良的校企合作环境；职业院校的学生有了更多实习和职业选择的机会；职业教育教师的个人素质提升，德才兼备、综合性强，职业教育教师队伍也更加壮大；经济发展；人们职业教育观念有所转变；等等。

随着社会的不断演进，社会对人才的需求模式也在持续变迁，实践型人才作为近现代社会发展进程中的新兴产物，扮演着愈发重要的角色。这类人才特指那些能够深耕一线技术操作领域的专业人才，他们不仅拥有扎实的专业知识，更具备将所学专业技能高效地应用于生产实践中的能力。他们凭借专业知识与动手能力的双重优势，成为当今社会发展不可或缺的宝贵资源。当然，随着社会的进步和教育历史的演进，实践型人才的内涵或许会有所丰富，但其核心要素却始终如一，即精湛的一线操作技能以及将专业理论知识与实践深度融合的能力。在培养实践型人才的过程中，教师必须始终坚守实践能力培养的核心地位，注重提升学生对理论知识的深度思考、精准掌握与灵活运用，以期培养出能够适应未来经济与社会发展需求的优秀实践型人才。

当然，实践型人才的培养只是产教融合中的一个着力点，教师队伍、合作企业等因素同样需要重视。在社会经济发展的大背景下，产教融合的水平在不断升级，对合作企业的质量和数量要求有所提升，实践型人才的培养方案也需要不断调整。只有学生、教师、企业和社会合力，才能达到职业教育为社会发展输送宝贵人力资源，为相关行业提供前沿理论、技术指导，进行技术支持服务等目标。

此外，职业院校注重产教融合的水平和达到的高度不仅体现在职业院校自身的专业设置、教学层面、管理产教融合的水平等微观方面，还体现在职业院校将产教融合办学模式提高到一定层次，提高为学生、行业企业、政府及社会经济发展服务的能力等宏观方面。同时，职业院校应在保持自身优势资源、提高自身产教融合水平的同时，注重提高与行业企业、商业协会以及培训机构等多方主体合作的水平及深度，注重与地方政府、行业企业、商业协会等主体形成互利共赢，注重可持续和长远发展，兼顾社会效益和经济效益的合作关系。

高职院校产教融合很好地适应了社会发展的需求，也是高职院校的教学资源与社会目标共同发展的有效途径。为了从根本上促进产教融合的发展，需要重点解决以下层面的问题：①建立完善的法律法规和政策，明确参与者的各项权利和义务，并约束和监督参与者的行为；②积极拓展渠道，筹措产教融合经费，给予企业在税收方面的优惠政策，加强风险投资机制建设，让高职院校和企业能够积极合作；③成立产教融合的组织运行和管理机构，强化制度保障，不断完善原有的体系，最大限度地发挥效能，解决实际中遇到的问题；④建立完整的评估系统，对高职院校和企业之间的合作进行评价，包括项目资金、合作项目、双方合作的效果等，通过具有科学性、权威性的标准化管理体系，助力高职院校产教融合更好地发展。

二、产教融合的主要特点

社会的发展变化体现在政治、经济及思想文化的全面发展上。随着社会主义市场经济产业结构的不断变化，产教融合也需要根据市场需求不断调整，其特点主要包括以下方面。

（一）遵循市场需求的融合

当前，在市场经济产业化发展的背景下，以某个行业、产业发展的需求为导向，以实现经济效益最大化为目标，依靠专业的人才团队提供服务，系列化、品牌化的经营模式逐步展现优势。这类组织的基本特点是以市场需求为准、专业化高效生产、龙头企业与衍生产业配合等。职业院校应遵循市场经济的发展规律，理性对待优胜劣汰，建立灵活的专业预警和退出机制，及时调整设置雷同、就业连续不达标的专业，或者停止该专业的招生，最大化弥补产教融合运作机制中的不足。社会主义市场经济中的产教融合是一种面向市场的融合。教学、科研、生产三个主体深度融合，发挥着各自优势，它们有分工也有联合，以最佳组合形式投入生产，从而产生最大的经济效益，营造了良好的市场环境，展现出广阔的市场前景，企业品牌的建立也使其在市场竞争中脱颖而出，产业化发展衍生出的与其他项目的深入合作，也使整个市场更加井然有序。

（二）高层次立体式的融合

现代社会对个性化发展的需求越来越突出，市场经济追求多元化的同时也推动了产业类型的多样化，企业对多元化、综合能力突出的人才的需要量上升，这就要求职业院校健全以需求为导向的人才培养结构。产教融合全方位服务于社会的目标要求，这种融合不应是单一的合作，而应是更高层次、纵深化、立体化的融合。区别于传统校企合作低层次、平面化的融合形式，产教融合打破了单一或双向合作的形式，促进了教育链、人才链与产业链、创新链的有机衔接。立体式融合后的职业教育体系囊括了生产、教学和科研的特色，在自身成为生产主体的同时，还联动企业直接创造了经济效益，在培养大批产业发展需要的技术人才的同时，还为产业的可持续发展提供了智力支持。

基于市场对可持续发展人才的需求，职业院校需要强化就业市场对人才供给的有效调节，而产教融合能很好地促进市场机制发挥出调配非基本公共教育资源的作用。企业需求的人才类型为学校培养方向提供了指引，学校输送给企业满意的人才也促进了企业经济效益的提高；产教融合组织内部开展的基础研究、应用研究等，为产业发展提供了理论依据，为职业教育内容提供了前沿的信息资源，加速了行业的创新、教育的与时俱进。由此，企业、院校、科研三者的立体化融合形成了良性循环，其产生的合力会不断向外扩散，发挥积极的社会作用，使经济的发展、社会的进步和教育的全面提升相辅相成、互相促进。

（三）以企业需求为准则的融合

纵观我国教育的发展历程，培养人才一直是教育发展的一大目标，产教融合模式更是强调职业教育要从企业的需求出发，"引企入教"，促进企业深度参与职业院校的专业规划、教材开发、教学设计、课程设计、实习实训等，使企业最大化地融入人才培养的各个环节。以企业需求为准则的产教融合，以社会、企业、学校等合作主体的需求为前提，时刻关注市场供求变化，以企业为主体推动协同创新和成果转化，不断调整、不断更新，以寻求各主体的发展平衡点。这样就更明确了各主体合作的方向，强化了合作各方的积极性。

（四）多元主体管理的融合

在产教融合发展模式中，多元主体管理是一大特点，而确立各主体的地位是为产教融合提供法治保障的前提，尤其重要。随着社会的进步和教育的发展，产教融合的主体正在发生变化，以院校为主体的传统模式逐渐消失，取而代之的是企业和行业主体地位的强化，此外，骨干企业的引领作用也在不断加强。教师应该认识到，有效的产教融合是建立在社会、学校、企业等组织合理分工、共同管理、权责分明前提之下的，各主体在明确的权责范围内发挥着各自的优势，主人翁意识不断增强，核心企业的管理制度在对学校和其他合作单位进行规范的同时，也使产教融合的管理工作更加顺利地推进。

三、产教融合的构建原则

产教融合已历经萌芽阶段，逐步进化为一个成熟的制度体系。该体系涵盖了教育、经济、产业等多个方面，唯有这些领域协同发展，方能最大化地发挥产教融合制度的效能。成功的产教融合制度，能够构建政府、学校与社会三者间的新型合作与成长关系。这种协同机制促使政府从宏观层面进行管理，学校获得自主办学的空间，社会则广泛参与，共同塑造一个全新的产教融合格局。在此格局下，社会、行业与企业得以通过资本、知识、技术与管理等要素，深度参与职业教育。这进一步推动了政府主导、社会参与、办学主体多元、形式多样的办学体制的建立与完善。该体制充满了生机与活力，汇聚了政府、行业、企业与学校等多方主体的协同力量，共同推进校企深度合作，实现人才的全过程培养。

（一）多主体构建原则

产教融合涉及的主体广泛，具体包括政府机构、教育机构（学校）、行业组织与企业实体、学生群体以及广泛的社会力量。社会各界需通过积极塑造并传播创业文化，促使公众在思想层面、心理状态、行为习惯乃至价值观念上实现深刻转变，从而为产教融合奠定坚实的社会基础。同时，鼓励社会各界积极参与到产教融合的监督评估工作中，凝聚各方智慧与力量，共同推动产教融合向纵深发展。

学校作为产教融合的关键执行者，其与社会的紧密联动是推进校企深度融合、协同育人的重要途径。学校应主动寻求与社会资源的有效对接渠道，通过创新校企一体化教育模式，改革就业前实践基地的建设与运行机制，为学生提供更加丰富、实用的创业实践平台。这些平台不仅应涵盖资金、场地、设备等硬件资源，更应模拟现代企业管理的真实场景，使学生在实践中深入理解市场经济的运作机制，从而全面提升其职业技能与创业素养。

产教融合的效果，很大程度上取决于学校在人才培养与产教融合方面的能力构建。学校作为教育的主体，其产教融合的水平直接关乎整体培养质量。在此过程中，政府作为引领者与管理者，其角色不可或缺。政府的强力支持与政策推动，是产教融合顺利进行的根本保障。因此，国家层面需构建一套完善的政策引导、措施实施与监督服务体系，通过立法、制定政策等手段，为职业教育与行业企业的深度融合提供坚实的制度支撑。

在产教融合的框架下，学校承担着培养创新创业人才的重大使命，是教育事业中不可或缺的中坚力量。学校不仅肩负着传授知识的职责，更需通过产教融合的实践，培养学生的实践能力与创新精神。而作为产教融合的对接方与直接受益者，高素质人才的培养对行业与企业而言意味着生产力的提升、产业创新的加速以及市场竞争力的增强。企业通过参与产教融合，能够更有效地获取符合需求的人才资源，从而在激烈的市场竞争中脱颖而出，实现经济效益与社会效益的双赢。学生是产教融合过程中的学习主体与最终受益者。通过产教融合的学习模式，学生能够在理论与实践的结合中快速成长，不仅掌握专业知识与技能，更具备适应未来社会发展的综合素质与创新能力。而社会作为产教融合的广泛参与者与监督者，其角色同样重要。社会的参与不仅为产教融合提供了丰富的资源与反馈机制，更通过监督与评估确保了产教融合的质量与效果，促进了教育链、人才链与产业链、创新链的有机衔接。

（二）自组织构建原则

自组织构建原则不仅是探索阶段企业与学校合作的基础，也是推动职业教育深化改革的内在动力。自组织作为事物自我演化、自我完善的过程，强调的是内在结构的自发形成与优化，这一过程在产教融合中体现得淋漓尽致。职业院校作为产教融合的主要阵地，其教育活动自然而然地融入了自组织的特性，展现出一种自下而上、自我驱动的发展模式。然而，政府的介入与调控，虽出于好意，却往往在一定程度上打破了这种自发的平衡，使产教融合的自组织特性受到挑战。

职业院校产教融合的自组织特性，具体体现在以下方面。

①开放性。产教融合打破了传统教育的封闭空间，鼓励学生走出校园，与社会各界进行广泛交流，这种开放式教学不仅拓宽了学生的视野，也为学生提供了更多实践机会。尤其是创业能力的培养，更需要这种与外界的互动与碰撞，以激发学生的创新思维，提高学生的实战能力。

②复杂性。产教融合涉及多元主体的参与，包括学校、行业、企业等多个层面，每个主体都有独特的专业背景、管理模式与利益诉求，这些复杂因素的交织，使得产教融合的过程充满了不确定性与挑战性。需要建立

一种灵活多样的教育机制，以适应不同主体的需求，实现资源的有效整合与优化配置。

③自发性。产教融合作为一个动态的系统，其发展与完善是一个自发的过程。系统首先通过与外部环境的互动，获取必要的资源与信息，为内部的自我演化提供动力。系统内部的各个要素之间通过相互作用与反馈，不断调整与优化，形成一种自我强化的机制。这种自发性不仅体现在产教融合的整体推进上，也渗透到每一个具体的教育环节中，使职业院校能够根据实际情况，灵活调整教学策略，实现教育质量的持续提升。

（三）协同性构建原则

产教融合不仅强调行业、政府、用人单位与学校间的互动与协作，更聚焦于整体与构成部分、要素与子系统间的动态联系，旨在通过深度协同，增强产教融合中多主体的效能。这就是协同性构建原则。

在协同合作的实践中，确保政府、行业、企业、学校及学生五大主体，尤其是政府、行业与企业，能够充分发挥其主动性与积极性，是协同性原则得以有效实施的核心。各主体需各司其职，共同促进协同目标的实现。政府层面，需不断优化法律法规体系，强化制度约束与政策激励的双重作用，为产教融合的顺利推进提供坚实的制度保障。学校需双管齐下，既要不断提升自身的社会服务与创新能力，又要增强对企业参与的吸引力，通过拓宽合作渠道，创造更多互利共赢的合作契机。

行业与企业作为产教融合的重要参与者，应将人才培养视为自身社会责任的重要组成部分，主动融入学校的教育教学过程，提供丰富的资源平台与广阔的合作空间，助力学生实践能力与职业素养的双重提升。同时，社会各界需加大对产教融合价值的宣传力度，提升公众认知，激发社会各界的参与热情，形成全社会共同关注、支持产教融合的良好氛围。

为实现这一目标，各主体需在内容规划、目标设定、资源配置、时间安排、责任划分及成果评估等多个维度上实现精准对接与高效协调。具体而言，应致力于构建一个政府有效引导、企业积极主动、社会广泛响应、学校全力主导、学生积极参与的产教融合生态系统。这一系统的建立，不仅要求各主体间的信息畅通与资源共享，更需通过机制创新，确保各方利益的均衡与最大化，从而推动产教融合向更深层次、更宽领域发展。

在评估协同构建的成效时，应从以下维度综合考量：①符合性，即产教融合活动是否紧密贴合产业发展需求与教育培养目标；②适用性，即合作模式与机制是否适应各主体的实际情况与发展需求；③经济性，即在保证教育质量的前提下，是否实现了资源的高效利用与成本的有效控制。通过不断提升产教融合的教育教学质量，增强毕业生的社会适应能力与竞争力，职业院校不仅能够提升自身的社会地位与影响力，还能够吸引更多行业与企业的深度参与，进而拓展职业教育产教融合的合作深度与广度，形成良性循环，为社会培养更多高素质技能型人才。

（四）共享性构建原则

共享性构建作为产教融合的核心要素，其重要性在当今共享经济蓬勃发展的背景下愈发显著。产教融合作为一种高效的产学合作模式，不仅促进了创新创业人才的培养，还使国家、教育机构、行业、企业及学生等多方主体从中获益，实现了资源的优化配置与利益的共赢共享。共享性构建原则要求市场机制充分发挥资源配置的基础性作用，政府需构建完善的激励与利益分享机制，确保各参与方既能共担责任，又能共享成果。

产教融合作为现代职业教育体系中的一大特色与制度创新，其从产学融合向更深层次的产教融合演进的过程，不仅揭示了教育链与产业链深度融合的趋势，也为职业院校创新教育模式、拓宽发展路径提供了更为广阔的空间，这一转变不仅是对传统教育模式的革新，更是对职业教育如何更好地服务于社会经济发展的深刻回应。为了使职业教育制度更加契合社会主义市场经济的发展需求，增强其市场适应性成为关键。人才培养作为检验职业教育市场性的重要标尺，其质量直接反映了职业教育能否满足市场发展的实际需求。高职院校需在现有课程体系的基础上，进一步强化产教融合的相关内容，通过优化课程设置，将教学内容紧密围绕工作过程与社会生活两大领域展开，旨在培养学生的综合职业能力及可持续发展的核心素养。

产教融合的本质在于教育与产业的深度融合，其推动力源自政府与市场的双重作用。在产教融合的发展进程中，政府的主导作用不可或缺，政府需通过政策引导、资源配置等手段为产教融合提供有力支持；同时，也要充分尊重市场规律在校企合作中的决定性作用，让市场在资源配置中起决定性作用，促进教育链、人才链与产业链、创新链的紧密衔接。在组织领导机制建设层面，打破行政部门间的壁垒，构建跨部门协调联动的组织结构显得尤为重要，高职院校可以借鉴国家多部委联合推进就业工作的领导体制，自上而下地推动相关部门的协同合作，形成产教融合发展的强大合力。这一机制的创新不仅有助于提升产教融合的效率与效果，还能为职业教育与产业发展的深度融合提供更加坚实的制度保障。

此外，产教融合的发展还需注重机制创新与模式探索。建立健全校企合作、工学交替、订单式培养等多样化的产教融合模式，可以进一步激发各参与方的积极性与创造力。同时，加强国际交流与合作，借鉴国外先进经验，也是提升我国产教融合水平的重要途径。

四、产教融合360度评估体系

高职院校在产教融合方面，如果能够建立一套完善的评估体系，将为双方的深度合作奠定坚实的基础。360度评估体系，可以对产教融合双方合作的项目内容、合作形式及合作效果等进行综合评价。依托政府，建立一套标准的、科学的管理体系，能够更好地支撑职业院校的产教融合工作开展。建立科学的合作体系，制定完善的评估标准，使评价工作更加科学、规范、标准，并在产教融合的实施过程中，对双方的合作项目、开支审查、工程施工、过程监管、项目验收等工作不断加以完善，使之按要求严格执行。

（一）360度评估体系的原则

产教融合一方面体现了高职院校在应用型人才培养方面的水平；另一方面也反映了企业的用人标准和规范性，体现出一个企业的技术能力以及生产水平。为了促进高职院校与企业之间的深度合作与发展，相关部门需要及时了解结果，收集整理相关的反馈信息，只有这样，才能使各个高职院校之间做到合作互补，才能使高职院校和企业之间相互支持、相互合作。高职院校需要在国家的统一指导下，与行业协会、合作企业一起研究，共同构建一套360度评估体系，对双方的合作效果进行评价，总结经验，查找不足，制定出完善的评估方案。作为职业院校，要以科学性、系统性的评价作为首要前提，在此基础上，还要把握以下原则，见表1-1。

表1-1　360度评估体系的原则

原则	内容
可操作性原则	一般而言，产教融合的评价，更多的是靠直观感受。评价体系需要简单易懂，可操作性强。也就是说，让评价者能够使用最简洁的语言，将产教融合的优点、缺点表达出来，让评价体系更加科学、精准。可操作性包含两方面内容：①在指标设置上，要做到简单、清晰、易懂，方便采集数据，数据的计算流程要实现标准化；②在指标计算方法上，要力求科学、简单、易操作，通过科学的方法，保证评估结果准确、可信
全面性原则	各种事务之间总有一定的关联，如果单纯地从某个角度看问题，只会看到事情的表象，而挖掘不到深层次的原因。因此，对于产教融合的360度评估体系，要从多角度进行构建，如管理制度、组织建设、培养环境以及培训效果等
目标性原则	有时，人们无法知晓评估者的身份，评估的视角也不确定，评估的方式也无法确定，这就要求360度评估体系具备多个评估模型，供不同目标的人群（包括领导、同行、学生等）使用

（二）360度评估体系的构建

在构建高职院校360度评估体系时，需从多个维度综合考量，以确保评估的全面性与准确性。以下是对该评估体系关键要素的剖析。

第一，科技人员投入比例。关注高职院校在产教融合项目中投入的科研人员数量占其总科研人员的比重，以此反映学校对产教融合的重视程度及科研力量的投入水平。

第二，实验仪器投入占比。考察高职院校在产教融合中投入的实验仪器设备占其总实验仪器设备的比例，可以评估学校在实践教学与科研支持方面的实力，以及为学生和企业提供的实验条件。

第三，科研成果转化率。重点关注高职院校为企业提供的科研成果数量占其总科研成果的比例。这一指标不仅体现了学校的科研创新能力，也反映了其科研成果向实际应用转化的效率与效果。

第四，师资队伍的投入。考察应用型本科兼职教师在高职院校中的比例，以及具备现场工作能力和技术开发能力的"双师型"教师的占比。这些教师的加入，能够为学生提供更加贴近行业实际的指导，促进理论与实践的深度融合。

第五，合作课程的设置。关注实践课时在学生总学时中的占比，以及采用工学结合方式授课的课程比例。这有助于评估学校在课程设置上是否注重实践能力的培养，以及是否能够为学生提供多样化的学习路径。

第六，组织协调能力的考察。评估高职院校是否为企业专家设立了专门的工作室，是否成立了专家建设指导管理协会，并评估校外企业和行业协会在学校中的参与程度。这些举措能够加强学校与行业、企业的联系，促进资源的共享与整合。

第七，教育资源共享程度。这是评估高职院校开放性与合作性的重要指标。需关注学校在教育资源方面的共享程度，包括图书资料、实验设备、课程资源等是否得到充分利用与共享。

第八，合作效益的评估。聚焦毕业生的就业能力，通过考察毕业生的就业率、专业对口率以及薪资水平等指标，评估产教融合对学生就业竞争力的提升效果。

第九，合作论文与专著的发表情况。它是评估合作成果的重要依据。

需关注双方是否合作发表了论文及论文的数量，以及是否合作出版了专著及专著的数量，这些成果不仅能够体现双方的科研合作深度，也能够为学术界的交流与进步作出贡献。

从企业方面考虑，在签订技术转让合同方面，主要考察合作签订技术转让合同的数量[1]。在评估企业与职业院校合作的深度与广度时，需从多个维度综合考量。资金投入是一个重要指标，它不仅反映了企业对合作的重视程度，也直接关联到合作项目的规模与可持续性。具体而言，需细致分析企业投入的资金总额，以及这些资金在合作项目中的分配与使用情况。除了资金，企业投入的设备资源同样关键。这包括设备的数量、质量以及是否满足教学与实践的特定需求。设备充足与否，直接关系到学生能否在模拟或真实的工作环境中获得有效的技能训练。

在合作基地的建设上，需考察企业是否建立了专门的就业前实践基地，并评估这些基地的设施、管理能否满足学生实习与就业的实际需求。在人员投入方面，企业研发人员的参与程度是衡量合作深度的重要标准。这不仅要看研发人员的绝对数量，更要关注他们占企业研发总人员的比重，以及他们在合作项目中的实际贡献。技术合作与开发是合作的核心，需深入评估双方在技术开发、应用和成果转化方面的合作程度，以及这些合作是否推动了技术创新与产业升级。教学设施的利用率、合作项目的数量、高职院校专家工作室的协调组织能力、合作中知识产权的授权数量、毕业生对区域经济发展的贡献率、合作产生的经济利润、高技术产品的产出数量，以及为企业培养的专业技术人员数量等，都是衡量合作成效的重要指标。这些指标共同构成了评估合作效果的综合体系，为进一步优化合作模式与提升合作质量提供了科学依据。

在构建产教融合360度评估体系的框架时，应对参与主体进行细致分类，即分为高职院校与企业，再实施全面而深入的评价。此体系将高职院校评价与企业评价作为两大核心一级指标，奠定评估的基石。为进一步细化评估维度，这两大核心一级指标被拆解为6个具体的二级指标，并在此

---

[1] 黄艳. 产教融合的研究与实践[M]. 北京：北京理工大学出版社，2019：119.

基础上进一步展开，形成了包含25个三级指标的详尽评估体系。在指标的甄选与设计过程中，应充分考虑高职院校与企业作为合作双方的特性，深入分析合作过程中的三大关键要素——投入、执行过程及合作成效，以确保评估体系能够全面、准确地反映产教融合的实际运行效果，为后续研究提供有价值的参考依据。

依据产教融合综合评价指标体系的设计原则，初步构建一套科学合理的评估体系。高职院校作为培养实践型人力资源的核心机构，在产教融合中扮演着至关重要的角色，因此，在评估体系中，高职院校的权重被设定为0.5，以凸显其重要地位。针对高职院校的评价，从投入力度、合作实施过程及合作产生的效益3个层面出发，进一步细化为10个具体的三级指标，以全面评估高职院校在产教融合中的表现。企业作为产教融合的重要合作伙伴，不仅是实践型人力资源培养的关键参与者，也是人才输出的直接受益者，因此，在评估体系中，企业的权重同样被设定为0.5。对于企业层面的评价，从企业投入、合作执行过程及合作带来的效益3个维度展开，并具体细化为15个三级指标，以全面衡量企业在产教融合中的贡献与成效。

第二节　校企合作

校企合作是职业院校谋求自身发展、实现与市场接轨、大力提高育人质量、有针对性地为企业培养一线实用型技术人才的一项重要举措[①]。校企合作让学生将在校所学与企业实践有机结合，让学校和企业的设备、技术实现优势互补、资源共享，以切实提高育人的针对性和实效性，提高技能型人才的培养质量。校企合作的本质是实现企业与学校的资源共享与合作。企业是指广义上的"工业界""企业界"和"产业界"等领域，具有资金、设备等优势，而学校是指高等院校等，具有人才优势。因此校企合

---

① 谢剑虹. 职业院校校企合作研究的理论与实践[M]. 长沙：湖南人民出版社，2017：15.

作实际上是资源共享与合作的一种方式，有利于促进校企双方共同发展。校企合作的目的在于充分发挥学校与企业两大参与主体的作用，更好地交流与共享资源，从而促进整个社会经济的发展。校企合作的关键是两大参与主体的沟通与互动，这种沟通主要体现在企业与高职院校关于人才培养、生产经营、资源共享等合作过程中。良好的沟通机制可以提升高职院校与企业的合作效率。

一、校企合作的原则

为实行校企合作，促进职业教育发展，在校企合作中应坚持服务企业、企业需求、校企互利、校企互动与统一管理的原则，力求实现高技能人才培养目标和校企互利双赢的目标，促进校企共同发展[①]。高职院校校企合作的原则主要包括以下几方面。

（一）服务企业原则

在职业教育的广阔舞台上，服务企业不仅是推动职业教育发展的动力，也是构建校企合作桥梁的基石。这一原则深刻体现了职业教育与产业需求的紧密联结，强调高职院校需紧密围绕企业需求，优化人才培养策略，以确保校企合作的高效与成功。为实现这一目标，高职院校应当扮演主动探索者的角色，深入企业腹地，通过细致的调研活动，精准把握企业对人才技能与知识结构的实际需求。基于这些一手信息，高职院校方能制定贴合企业期望的高技能人才培养计划，从而从源头上保障校企合作的质量与成效。高职院校应将服务企业的理念内化于心，外化于行，持续关注企业动态，以贴心的服务和前瞻的视角，与企业并肩同行，共筑校企合作的坚固基石。

（二）企业需求原则

企业需求的满足，是校企合作生命力的源泉。在此原则的指导下，高

---

① 史伟，杨群，陈志国. 新时期职业教育校企合作办学模式探索[M]. 天津：天津科学技术出版社，2018：11.

职院校灵活调整教学策略，确保教育内容与企业的岗位需求无缝对接。这要求院校不仅要在课程设计上体现企业的具体需求，更要在师资选派上精益求精，派遣最具实力的教师团队深入企业，开展针对性强、实效性高的员工培训项目。对于企业在技术革新、项目合作等方面的多元化需求，高职院校应展现最大的合作诚意与支持力度，力求在全方位、多层次的合作中，实现双方的共同成长。

（三）校企互利原则

校企合作的持久与深入，离不开互利共赢的坚实基础，这一原则强调合作双方都能在合作中找到自身发展的驱动力。对企业而言，校企合作不仅能够带来直接的经济效益增长，还能有效提升员工素质，加快技术创新的步伐；而对高职院校而言，这是提升教学质量、增强师生实践能力、促进科研成果转化的宝贵平台，也是实现教育链、人才链与产业链、创新链深度融合的关键路径。

（四）校企互动原则

校企合作的生命力，在于双方持续而深入的互动交流。高职院校应主动搭建平台，鼓励专业教师走进企业，将最新的理论知识带给一线员工，同时，也应热烈欢迎企业的专家走进校园，分享实战经验，形成理论与实践的双向流动与融合。这种互动机制，不仅丰富了教师的实践经验，提升了其教学能力，也使企业员工得以接触前沿理论，促进个人能力的全面提升，实现了理论知识与实践操作的有效整合，为培养兼具理论素养与实践能力的复合型人才奠定了坚实基础。

（五）统一管理原则

统一管理原则是校企合作高效运行的重要保障。在这一框架下，校企双方需共同建立高效的协调机制，对合作的各个环节实施统一领导、规划、实施与检查。通过这样一套系统化的管理体系，可以有效避免合作过程中的资源浪费与责任不清，确保理论知识与企业技术需求的精准对接，促进校企合作向更深层次、更宽领域迈进。

总之，校企合作作为职业教育发展的重要途径，其成功实施离不开服务企业、企业需求、校企互利、校企互动及统一管理等多方面的原则遵循与实践探索。

二、校企合作的条件

（一）企业的条件

第一，热心教育事业。校企合作要求企业具有一定的教育热情，热衷于教育事业，并在企业文化中有所体现；同时，在企业筹建和购置资产中有职业教育方面的长期规划，并落实到位。

第二，专人负责合作事项。由专人负责合作事项，不但可以协调合作当中的有关事宜，还可以协助、督促解决相关问题，具有相对灵活的时间保障，有精力、有计划安排和处理有关事宜。

第三，有投资实力。有投资实力的企业在校企合作中扮演着重要的角色。校企合作无论采取何种方式，都离不开一定程度上的投资，这种投资可以体现在多个方面，包括但不限于资金投入、技术支持、人才培养等。在校企合作中，企业通常会投入资金来支持项目的开展，包括研发经费、实验室建设、设备购置等方面的支持。此外，企业还可能提供技术支持，与学校共同探讨解决实际问题的方案，推动科研成果的产业化和商业化。校企合作中的投资还涉及人才培养。企业可能会提供实习机会、专业培训，甚至设立奖学金或奖励计划，以吸引和培养更多的人才，这种人才培养的投资有助于建立长期稳定的合作关系，为企业输送符合其需求的高素质人才。

第四，有吸纳、引进人才的能力。企业是人才的接收者，对于人才的需求标准，企业最有发言权。校企合作主要是为企业源源不断地输送合格人才，解决学校的就业压力，但是有的企业不一定可以持续吸纳员工，因为发展会有瓶颈限制。所以，企业必须有可持续发展的规划和市场把控能力，有持续吸纳、引进人才的能力。

（二）学校的条件

1. 满足企业所需的专业设置

针对企业需求进行的专业设置调整，是校企合作的重要基石。为了更精准地把握社会对人才素质的动态需求，高职院校应当构建由行业专家和企业代表共同参与的专业咨询委员会。这一平台的搭建，不仅为供需双方提供了直接沟通的桥梁，也使企业能够深度参与到高职院校的人才培养规划、专业发展蓝图、教学计划制定以及课程与教材体系的建设之中。企业以其敏锐的市场洞察力和实践经验，在这些关键环节发挥着引领与指导的作用，助力学校培养出更加贴合市场需求的高素质人才。

在双向互动的合作模式下，学校与企业通过共建专业、共构课程体系等举措，实现了资源共享与优势互补。学校根据产业发展趋势，对现有专业进行动态调整与优化，增设新兴专业，调整或淘汰就业前景不佳的传统专业，以此构建与区域经济发展紧密相连的专业布局。同时，注重专业的交叉融合与课程的创新设计，以培养学生的综合素养与专业技能。对企业而言，这种合作模式直接输送了大量经过实战训练、能够迅速适应岗位需求的高技能人才，为企业创造了显著的经济效益。

2. 具有进行科研、培训的能力

随着高等职业教育实践的深化，师资队伍的建设问题日益凸显。市场对人才的需求已从单一的技能型人才转向具备鲜明职业性与实用性的高技能复合型人才。为此，高职院校需着力提升办学质量与教学效率，加强专兼结合的教师团队建设。借鉴国外先进经验，通过校企合作，引入行业专家与能手，构建一支既稳定又充满活力的师资队伍，为高等职业教育的持续发展注入强劲动力。

3. 具有建立实训基地的场地和办公条件

高职院校应充分利用企业的资源优势，通过校企合作共建校内外实习实训基地，以改善学校的教学条件，实现教育资源的优化配置。鉴于高职

院校毕业生多从事企业一线技术工作，学校必须提供高质量的实习实训平台，让学生在真实或模拟的工作环境中进行训练。面对经费紧张与市场需求的挑战，学校应积极寻求社会支持与企业合作，通过多元化投资、市场化运作与功能多样化设计，打造集教学、生产、技术服务于一体的校内生产性实训基地和紧密合作的校外实习基地。这不仅能有效解决实习实训基地建设的难题，还能完善高职院校的实践教学体系，促进校企资源的深度共享与高效利用。

4.完善教学设施、教学环境与教学手段

合作项目应紧密贴合学校的办学定位与发展需求，确保实验室与实训基地的设备配置达到行业领先水平。合作企业应提供先进的技术、管理与设备支持，助力学校提升教学质量与科研能力。同时，学校应积极借鉴企业的先进经验与管理模式，不断优化教学环境与教学手段，为学生提供更加优质的学习体验与成长空间。通过深化校企合作，高职院校不仅能提升自身的教学实力与科研水平，还能为企业培养更多高素质的技术技能人才，实现双方的共赢与共同发展。

三、校企合作的特征

高等职业教育校企合作的办学形式和开展内容必须围绕职业教育人才培养的目标、功能和定位，充分了解企业的需要，联系当地的经济优势，达到校企合作共赢的目的。因此，高职院校校企合作的特征主要表现为以下几方面。

（一）职业性

高等职业教育中的校企合作模式，自诞生之日起，便深深烙印着职业性的鲜明特征。其核心理念在于，通过产学结合、工学交替乃至产学研一体化，精准对接职业岗位的实际需求，培养出既具备扎实专业知识，又能迅速适应职场环境的高素质技能型人才。在这一过程中，教育不是局限于传统的课堂讲授，而是将学习与生产实践紧密相连，让学生在真实的工作

情境中自我教育、自我成长，不仅习得专业知识，还能培养良好的职业素养，为学生从学习生涯向职业生涯的平稳过渡铺设坚实的桥梁。这种深度融合职业特性的教育模式，契合了企业对具备高度专业技能与良好综合素质人才的迫切需求。

（二）互利性

互利性是校企合作得以持续深化与拓展的关键。作为一种社会互动的高级形态，校企合作建立在各方共同参与、目标一致、认知相近及行动协调的基础之上。这种合作模式所追求的，是一种超越单方面努力所能达成的共同利益，即所谓的"互利"。在这一框架下，企业、高职院校、教师、学生及企业员工等各参与方，均能通过互动合作获得各自所需的利益，实现资源的共享与优势互补。值得注意的是，互利性并非简单的利益交换，而是要求参与方既要有所行动，也要从中获益，二者缺一不可。否则，校企合作将难以摆脱短期行为的局限，难以实现长远发展与深度共赢。因此，构建基于互利性原则的校企合作机制，是确保合作长期稳定、高效运行的重要基石，也是推动高等职业教育与产业深度融合、协同发展的必由之路。

（三）教育性

教育性作为高等职业教育的本质特征，在校企合作中得到了淋漓尽致的展现。该模式以提升学生职业能力为终极目标，其教育形式深刻融入了经济行为与企业行为的元素，使得教育更加贴近市场、贴近产业。校企双方围绕人才培养这一共同愿景，紧密围绕岗位需求的风向标，不断创新教育理念，强化人才培育意识，精心优化专业设置，清晰界定培养目标，制定科学合理的教学标准，并整合优质教学资源，全程参与到人才培养的每一个环节。这种深度协作，不仅是对校企合作内在要求的积极响应，也是其教育性本质的生动诠释，彰显了高等职业教育在培养高素质技能型人才方面的独特优势。

（四）经济性

校企合作办学紧密围绕地方经济社会发展的脉络，精准定位专业设置与人才培养目标。这种办学模式，不是闭门造车，而是开放包容，以市场需求为导向，不断调整和优化人才的知识结构与能力体系，确保毕业生能够无缝对接社会岗位需求。同时，校企合作在科研与教学上展现出鲜明的改革思路，通过产学研深度融合，推动教育链、人才链与产业链、创新链的有机衔接。尤为重要的是，校企合作办学强调紧密型、融合型基地的建设，这些基地不是局限于传统学生实操训练的场地，而是集教学、科研、生产、服务于一体的多功能、多层次平台。这些基地不仅成为学生实践能力培养的摇篮，还成为学校与企业深度合作、共同发展的基石，为一体化办学模式的实施提供了强有力的支撑。

（五）多样性

校企合作作为一种复杂而多维的合作模式，其本质要求在于全面性与多层次的融合。这一合作模式不仅体现了高职院校与企业之间的直接联结，还深入专业与部门、技术与资源、信息与研发等多个维度，形成了丰富多样的合作形态。具体而言，高职院校、企业及社会各界基于共同的生存与发展愿景，围绕人才培育、技术创新及经济效益提升等核心要素，积极探索并拓展校企合作的广度与深度。在此过程中，各方遵循市场经济的运行法则与职业教育的内在规律，以各自的优势资源为依托，逐步构建起一种互利共赢、持续循环且促进共同发展的长效合作机制。这种机制的建立，旨在灵活应对经济社会快速发展的需求变化，以及人力资源市场的动态调整，从而确保校企合作的实效性与前瞻性。

校企合作的多元化特质，是践行"服务为本，就业导向"教育理念的关键路径。它不仅为校企合作的长效机制提供了坚实的支撑，还是衡量合作成功与否的重要标志。缺乏多样性的校企合作，往往难以触及合作的深层次领域，难以激发合作的潜能，进而影响合作的广度拓展、深度挖掘及整体效益提升。因此，不断探索和丰富校企合作的形式与内容，对推动校企合作向更高水平发展具有至关重要的意义。

（六）创新性

在创新性方面，校企合作办学是高等职业教育改革与发展的关键。创新不仅是推动校企合作深入发展的核心动力，还是提升人才培养质量、实现职业教育可持续发展的必由之路。面对不同区域、不同行业的多元化需求，校企合作的形式、内容与方式必须因地制宜、因校制宜，不能千篇一律、生搬硬套。这就要求参与各方必须具备求真务实的态度，敢于突破传统框架，勇于探索新的合作路径与模式。在这个过程中，改革创新精神显得尤为重要。只有不断尝试、不断试错、不断反思，才能找到最适合自身发展的校企合作之路。

（七）文化性

校企合作不仅是一场资源与技术的交流，更是一次深刻的文化碰撞与融合。在激烈的市场竞争环境中，众多企业已逐步塑造出独具特色的企业文化体系，这些文化体系蕴含着先进的经营理念、合理的制度框架、科学的管理模式、严谨的工作态度、完善的服务体系以及和谐的工作氛围。对于高职院校而言，培养高素质技能型人才的过程，离不开企业文化的滋养与熏陶。学生作为校企合作的直接参与者和受益者，在多样化的合作实践中，不仅能够获取专业知识与技能，还能借此机会深入社会、理解社会，更重要的是，学生能够在企业文化的浸润下，逐步培养出积极的工作态度、严谨的工作作风以及团队协作的职业精神。

在校企合作的深入推进过程中，企业文化与校园文化相互交流、渗透与融合，这不仅丰富了校园文化的内涵，为其增添了浓厚的职业色彩，也提升了企业文化的层次与深度，促进了校企双方的共同进步与快速发展。尤为值得一提的是，企业在参与高职院校管理的过程中，凭借先进的理念与开放的文化氛围，为高职院校的传统管理模式带来了革新，打破了高职院校原有的封闭状态。特别是企业优质的服务理念与完善的服务体系被引入校园，极大地促进了高职院校教职工服务意识的提升，营造了良好的服务育人环境。由此可见，校企合作中的文化交融特性，不仅体现了合作的深度与广度，更是衡量校企合作层次与水平的重要标志。

四、校企合作的意义

作为一种重要的教育创新模式，校企合作的实践基础和学术合理性在当今社会日益凸显。高职院校校企合作在社会、经济、教育等多方面具有重要意义，其发展既是对传统高等教育模式的挑战，也是顺应当今产业发展和人才培养需求的必然选择。

第一，校企合作与社会变革和经济发展相适应。随着科技的不断进步和全球化的推进，产业结构日新月异，社会对人才的需求也在不断演变。传统的高等教育模式往往难以及时适应这种变革，学校培养的学生与实际用工需求之间存在较大的鸿沟。而校企合作模式通过将学校与企业资源有机结合，实现了教育和实践的深度融合，使学生能更好地适应复杂多变的社会环境。

第二，校企合作与经济发展阶段和产业升级有着密切的联系。在经济全球化和信息时代的推动下，企业对高素质、应用型人才的需求迅速增长。校企合作通过搭建一个共同发展的平台，使学校能更好地了解产业趋势，为企业提供人才储备。同时，企业的支持和资源也为高职院校提供了更多实践和科研的机会，促使学校在产学研结合方面迈出更加坚定的步伐。

第三，在教育体制改革方面，校企合作为传统教育体制提供了有益的参照。传统高等教育模式存在一些不足，而校企合作的兴起，为教育体制改革提供了有益的启示。通过企业参与课程设置、实习实训等环节，学校能够更加灵活地调整专业结构，提升教学质量，从而更好地服务社会和产业。

第四，校企合作还反映了教育理念的演进。在传统理念中，学校往往被视为独立于产业的象牙塔，注重培养学生的理论知识，而校企合作突破了这一界限。通过与企业深度合作，学校更加注重实用性和实践能力的培养，强调学生的创新、团队协作和实际问题解决能力。这种理念的变革有助于培养更符合现代社会需求的人才。

第五，校企合作推动人才培养质量的不断提升。传统的高等教育注重理论知识的灌输，但在实际职业环境中，应用型技能和实践经验同样至关重要。校企合作可以为学生提供更多的实践机会，使其在校园和企业之间建立更紧密的联系。这种联系不仅有助于学生更全面地发展各项技能，还能够提高他们的职业素养和适应能力。

总而言之，高职院校校企合作是多方面因素共同作用的结果。社会、经济、教育体制以及教育理念的变革都推动了这一模式的兴起。校企合作不仅有利于学生的全面发展，提高其就业竞争力，也为学校和企业搭建了互利共赢的合作平台，为促进社会经济的可持续发展提供了有力支持。在未来，高职院校校企合作将继续在推动教育创新和培养高素质人才方面发挥积极作用。

五、校企合作的意义

校企合作是学校与企业双方以生存和发展的共同愿望为基础，以人才、技术与效益为结合点，利用学校与企业不同的环境与资源，以培养适合生产、建设、服务与管理的一线实用型人才[①]。当前开展校企合作，对高职教育教学具有重要意义，主要包括以下两方面。

（一）有利于提升企业的竞争力

在当今经济全球化与市场竞争日益激烈的背景下，提升企业竞争力成为企业发展的核心议题。其中，增强企业自主创新能力作为建设创新型国家的战略基点，被视为推动企业持续发展与转型升级的关键路径。产学研合作作为一种高效整合科研、教育与产业资源的模式，逐步成为企业自主创新的重要支撑。为了加速构建以企业为核心、市场需求为导向、产学研深度融合的技术创新生态体系，政府与社会各界积极引导创新要素向企业

[①] 李成龙.论高职院校校企合作班的意义[J].科教导刊·电子版，2017（3）：5.

汇聚，旨在通过优化资源配置，激发企业的创新活力。

在此背景下，企业对创新型人才与高技能人才的渴求愈发强烈，对实用技术成果的引进与转化需求也日益增长。与高水平的职业教育院校合作，逐渐上升为企业战略层面的重要考量。面对经济结构的高端化、现代化、新型化与集约化趋势，企业对劳动者素质与职业教育质量的要求随之提升，依赖高水平人才推动技术创新成为企业的必然选择。校企合作作为一种有效的人才培养模式，能够确保教育输出与市场需求的高度契合，有效缩短人才从校园到职场的适应期，显著降低企业的培训成本与劳动力成本，从而为提升企业整体竞争力注入强劲动力。

校企合作不仅响应了企业对人才培养的内在需求，还为企业实施人才战略提供了有力支撑。在职业教育的众多领域中，技工教育因与企业需求的直接关联而显得尤为重要。企业积极参与技工教育的动力，源自对应用型人才的持续需求。构建一支具有鲜明企业特色、持续补充的应用型人才队伍，是企业人才战略的核心所在。然而，仅凭社会层面提供的技工教育，难以满足企业对个性化应用人才的特定需求。这是因为，具有企业独特文化烙印、满足企业针对性的技能需求的应用型人才，往往难以通过"人才社会化"的通用渠道获得。

因此，企业倾向于通过合作办学的方式，定制化培养符合自身特色的应用型人才，这构成了企业与学校合作举办技工教育的根本价值所在。随着社会经济的不断发展，企业对这种个性化人才培养模式的需求愈发强烈，这种培养模式必将获得越来越多企业家的关注与认可。通过深度合作，企业不仅能够获得所需的高素质技能人才，还能在合作过程中深化对职业教育的理解，为构建更加完善的产学研合作体系贡献力量，从而实现企业与教育的双赢。

（二）有利于增加学生的就业机会

校企合作作为一种高效的教育模式，对于提升学生知识、技能与素质，进而增加其就业机会具有显著作用。高等职业教育旨在培养适应经济与社会发展需求的高级应用型人才，这些人才以其实践技能见长，是生产、服务、管理一线不可或缺的力量。然而，长期以来，受高职院校实训条件、师资力量及教学设备等方面的限制，学生在校期间难以获得充分的实践锻炼，理论知识与实践能力脱节成为普遍现象。学生毕业后，面对企业的实际工作环境往往感到陌生，需要较长的适应期，这不仅影响了企业的生产效率，也给学生个人职业发展带来了挑战。加之企业技术的快速迭代与生产工艺的不断革新，学校难以仅凭自身力量保持实训条件的与时俱进。此外，校园氛围与企业环境的差异，也使课堂教学与现场实践的效果存在显著差距。

校企合作模式的引入，为学生提供了宝贵的实训与实习平台，使他们有机会深入生产一线，亲身体验企业的文化与管理，从而有效提升职业素养与综合能力。这一模式不仅促进了学生向职工角色的快速转变，还为学生就业搭建了一个缓冲桥梁。更重要的是，合作企业往往能直接吸纳部分学生就业，有效缓解了学生的就业压力。从更宏观的角度看，校企合作对于解决国家层面的就业问题具有重要意义，它既能减轻家庭尤其是弱势群体的经济负担，又能促进社会稳定与经济的持续健康发展。

具体而言，校企合作在增加学生就业机会方面的优势上，主要体现在以下三个方面。

第一，校企合作是提升学生职业素养的有效途径。职业素养是个体综合素质的体现，涵盖了道德、专业、人文、创新及身心等多个维度。这些素质的形成，既需要理论知识的支撑，更离不开实践经验的积累。特别是在敬业精神、责任心、质量意识及团队精神等方面，企业的实际工作环境提供了更为直接且有效的培养环境。学生在企业的实践中，能够亲身感受到职业素养的重要性，并在实际工作中不断锤炼和内化这些品质。

第二，校企合作有助于激发学生的创造力。通过顶岗实习、半工半读等合作模式，学生得以置身于真实的企业环境之中，这不仅为他们提供了难得的实践机会，也使得生产过程与教学过程紧密相连。在师父的指导下，学生将理论知识应用于实践，通过实践反馈加深对理论知识的理解，进而提升应用理论知识与解决实际问题的能力，这种理论与实践的紧密结合，极大地激发了学生的创造意识与创新热情，为他们的创新发展奠定了坚实的基础。

第三，校企合作在解决就业与招生两大难题上发挥了关键作用。传统的高职教育模式往往是在学生完成两年在校教育后，安排第三年的顶岗实习。然而，由于学校实训条件的限制，学生往往难以全面掌握专业技能，这与家长和学生的期望之间存在较大差距。而校企合作模式的推行，如引厂进校、订单培养、联合办学等，不仅为学生提供了更加贴近实际的实训环境，也有效提升了学生的就业竞争力，这些成功的合作案例也成为学校招生的重要宣传点，吸引了更多愿意接受职业教育的学生报考，从而实现了就业与招生的双赢局面。

第三节　创新创业教育

一、创新与创业之间的关系

创新与创业是一脉相传、不可分离的。创新创业教育是以创新、创业为主体的教育，但不能将其简单地理解为二者的相加，而是以对二者的研究为本，融合素质教育、职业教育等多种教育理念，科学提出的全新教育理念，是一种培养基础性和通用性才能的公共教育。

（一）创新精神是创业的动力源泉

创新与创业之间存在着密不可分的关系。创新精神作为创业的重要驱动力，为高职学生创业者带来了显著的战略优势。通过技术创新，即新产品或服务生产的新流程，高职学生创业者能够暂时性地占据市场先机，实现盈利。在这一过程中，创新不仅让创业企业获得了经济回报，也为整个产业带来了生产力的提升。具体而言，当一个创业企业成功引入一项创新技术时，它在一定时期内可能是唯一使用该技术的企业，因此能够预期获得较高的经济收益。然而，随着其他企业逐渐发现并模仿这一技术，原本由创新带来的垄断利润开始逐渐减少，直至达到市场平衡的状态。随着时间的推移，新的创新周期接踵而至，为产业的持续发展注入不竭动力。值得注意的是，创新精神的培育与展现并非易事，它要求高职学生创业者拥有明确的经济目标导向，为创新技术的研发提供坚实支撑。在创业征途中，他们还需敏锐捕捉市场机遇，不断发掘新的利润增长源，以确保创新与创业的持续并进。在此情境下，创新不仅成为市场竞争的锐利武器，更成为确保创业成功的基石。

（二）创业精神对创新的推动作用

创业精神表现为有远见地、睿智地运用相关工具，精力充沛地执行创新创业战略，以及带有冒险倾向的判断与决策。这种精神在创新创业组织的生命周期里发挥着至关重要的作用。首先，创业精神促使企业不断更新现有产品，改进生产方法，以适应不断变化的市场需求，这种"内部创业"或"公司创业"的行为，不仅提升了企业的竞争力，也为整个产业带来了更多的创新机会。其次，创业精神还体现在对社会创业的推动上。社会创业旨在通过创新的方式解决社会问题，改善社会条件，推动社会的可持续发展。在这一过程中，创业精神驱动着创新，创造出了更多的社会价值。最后，创业精神还体现在对新领域、新市场的开拓上。通过冒险性的判断与决策，创业者能够发现并利用市场中的空白点，创造出全新的产品或服务，这种创新不仅为企业带来了丰厚的经济回报，也为整个社会创造了更多的价值。

二、创新创业教育的本质

创新创业是一个国家经济可持续发展的动力源泉，是一个国家繁荣昌盛的重要推力。基于此，高职院校可通过规范制度建设、促进课程改革、完善师资队伍建设、重视实践教学环节等多种途径，加强创新创业教育与专业教育的深度融合。

（一）创新创业教育与新型素质教育

随着信息时代的到来，高职教育正在大众化、普及化。在这一转变过程中，创新创业教育应运而生，成为推动高职教育发展的重要力量。各国政府均对创新创业教育给予了高度重视，期望其能够对国家经济发展产生深远影响。在我国，创新创业教育更是受到学术界的广泛关注和政府的高度重视。素质教育作为对传统教育模式的一种反思和改进，其目标在于提升受教育者的综合能力，实现人的全面发展。在知识型时代和数字化时代的背景下，创新创业教育作为新型素质教育的一种形式，展现了其独特的价值和意义。

创新创业教育不仅继承了素质教育的综合化、全面化特点，更在此基础上进行了深化和延伸。它强调创新精神、创业能力的培养，这与知识型时代、数字化时代对人才的需求高度契合。通过具有创新性、实践性的教学活动，创新创业教育旨在培养学生的创造性思维、创新精神、创新能力及创优意识，从而实现人的全面发展。因此，创新创业教育是素质教育在新时代需求驱动下向更高层次的深化和延伸，它不仅继承了素质教育的核心理念，更在其实践中融入了新时代的需求和元素，为培养具有创新精神和实践能力的新时代人才提供了有效途径。

（二）创新创业教育是"四创合一"的教育

创新创业教育的本质特征在于其四创合一的教育模式，这里的"四创"指的是创造、创新、创业和创优，这一教育模式旨在培养学生的创造性思维、创新精神、创业能力和创优意识，最终实现人的全面发展。创造是一种从无到有的过程，它要求个体具备提出新想法、构建新理论、生产新产品的能力。创新是对现有事物的重新发现和重新认识，所有有价值的新事物、新思想的诞生都可以看作创新成果。创业是将创新、创造的结果应用于管理或技术上，产生一定经济效益的实践活动。创优是在创造、创新和创业的基础上，追求更高水平、更优品质的过程。

在创新创业教育中，以下方面相互关联、相互促进：创造为创新提供原始素材和灵感；创新是创造的基础和动力；创业是创新和创造成果的体现和应用；创优则是在这一过程中不断追求更高水平、更优品质的过程。因此，创新创业教育的"四创合一"特性不仅体现在教育内容的丰富性上，更体现在教育过程的连续性和完整性上。

（三）创新创业教育是教育体系的重要部分

创新创业教育作为一种新型教育模式，在教育体系中占据着重要地位，它不是对传统教育的全盘否定，而是在传统教育的基础上延伸、发展而来的教育模式。创新创业教育的出现，是对固化、刻板的传统教育的一种改造和升级。在创新创业教育中，基础教育与职业教育、继续教育有机融合，这不仅丰富了教育的内容和形式，更提高了教育的针对性和实效性。同时，创新创业教育还强调知识理论、实践技能、情感体悟的共同开发，使教育过程更加全面、深入。此外，创新创业教育还强调"综合式教育"的理念，它不再局限于某一学科或领域的知识传授，而是注重跨学科、跨领域的综合教育。这种综合教育的模式不仅有助于培养学生的综合素质和能力，更有助于他们适应未来复杂多变的社会环境。

三、创新创业教育的基本要素

（一）创新教育的基本要素

在当今社会，随着科技的飞速发展和经济结构的不断调整，创新教育作为一种新型教育形式，逐渐受到社会各界的广泛关注。创新教育，顾名思义，旨在通过特定的教育手段和方法，培养学生的创新思维和创新能力，以满足社会对于创新人才的迫切需求。创新教育不仅是对传统教育模式的挑战，更是对教育理念的革新，它旨在培养学生对整体经济环境的敏锐洞察力和分析能力，以及运用所学知识、预测商机、管控风险和团队合作等多方面的能力。这些能力共同构成了创新教育的核心要素，为学生提供了一个全方位的学习和成长空间。

创新教育的推行，绝非对历史教育模式的简单复制，而应依据社会的新诉求，进行适时的调整与精进。教育者的首要任务是深入研读创新教育政策与规范，确保教育实践活动的合法性及规范性。同时，他们需保持对教育领域动态及未来趋势的高度警觉，灵活调整教学策略与方法，以适应时代要求。在实践层面，创新教育着重培养学生的自主学习与创新能力，鼓励学生通过观察、分析、实践等多维度活动，全面提升实践与创新素养。此外，创新教育还强调个性化发展，激励学生勇于探索未知，敢于创新实践，在不断尝试与挑战中实现自我超越与成长。

作为高职教育培养人才的重要措施，创新教育在提高学生探寻精神和实践能力方面发挥着重要作用。通过创新教育，学生可以更好地掌握所学知识，并将其应用于实际生活和工作中。同时，创新教育还可以帮助学生树立正确的价值观和人生观，培养他们的社会责任感和使命感。此外，创新教育还具有重要的社会价值。通过创新教育，学校可以培养更多的创新人才，为社会的可持续发展提供有力的人才保障。

（二）创业教育的基本要素

从广义上讲，创业教育强调的是在当前社会环境下，通过教育手段培养学生的创业能力和创新精神，造就更多的创业人才。这些创业人才不仅具备较高的创新和创造能力，还具备强烈的探险意识和自主创新精神。他们可以在各个领域内开展创业活动，为社会创造更多的就业机会和经济效益。从狭义上讲，创业教育更侧重于学生的基础教育和素质培养，包括创新思想、创新思维能力等基础素质的培养，以及让学生在离开校门走向社会后能够更好地进行创业所必需的基本知识和技能，如市场分析、商业计划书编写、融资、团队管理等的培养。

创业教育在当代高职院校教育体系中的价值不可小觑。它显著增强了学生的综合创业素养，包括创新思维、组织协调能力等，而这些均为未来创业征程中的核心要素。创业教育也为解决高职学生就业难题开辟了新路径，它激发了学生的创业热情，引导学生自主创业，有效缓解了社会层面的就业压力。此外，创业教育对经济发展的推动作用不容忽视。它培育的创业人才成为新产业萌发的催化剂，加速了经济结构的优化与升级。更为深远的是，创业活动不仅带动了就业率的提升，还促进了社会财富的积累，为社会的持续繁荣与进步奠定了基础。

为了有效地实施创业教育，高职院校需要制定完善的教育体系和实践基地。首先，高职院校应该通过开设相关课程、举办创业竞赛、邀请成功创业者分享经验等方式，加强对学生创新能力和创业精神的培养。其次，高职院校还应该加强与企业的合作和交流。通过与企业的合作，高职院校可以为学生提供更多的实践机会和创业资源，帮助他们更好地了解市场需求和创业环境。最后，高职院校还应该加强对学生创业过程的指导和支持，包括提供创业咨询、融资支持、法律援助等方面的服务，帮助学生顺利度过创业初期的困难阶段。

四、创新创业教育的特征

（一）实践导向

与传统教育注重理论知识传授不同，创新创业教育更加注重学生的实践操作和项目实践，这一特点使创新创业教育具有鲜明的实践导向特性。具体而言，创新创业教育通过实践性的教学活动，让学生在真实的情境中应用所学知识，提升解决问题的能力和创新能力，这种教学模式不仅有助于加深学生对理论知识的理解，还能够帮助学生积累实践经验，提高其创业成功的可能性。同时，创新创业教育还鼓励学生参与到创业项目策划、市场调研、产品设计等实践活动中，深入了解创业的实际操作过程，为其未来的创业之路奠定坚实的基础。

（二）跨学科融合

创新创业教育突破了传统教育按学科划分教学内容和课程设置的局

限，展现出强烈的跨学科融合特性，这一特点主要体现在以下方面：首先，在课程设计方面，创新创业教育课程涵盖了商业管理、市场营销、技术开发等多个领域的知识，形成了一个综合性的知识体系，这种设计使学生能够全面理解创业过程中的各个环节，形成对创业活动的全面认识；其次，在教学方法上，创新创业教育注重将不同学科的知识和技能进行有机融合，引导学生从多个角度思考和解决问题，这种教学方法有助于培养学生的综合能力，提高其在复杂环境中的适应能力。

（三）全球视野

随着全球化的发展，创新创业活动已不再局限于某个地区或国家，而是跨越国界进行。因此，创新创业教育强调培养学生的全球意识和跨文化交流能力，这一特征主要体现在以下方面：首先，在课程内容方面，创新创业教育注重引入国际前沿的创业理念和案例，帮助学生了解全球创业趋势和机遇，这种课程内容有助于学生拓宽国际视野，增强全球意识；其次，在教学方法上，创新创业教育注重培养学生的跨文化交流能力，如外语能力、国际商务谈判能力等，这种教学方法有助于学生更好地融入全球化时代，把握国际市场的机遇和挑战。

（四）开放性与合作性

在创新创业的广阔天地里，跨界融合与资源共享已成为常态。鉴于此，创新创业教育尤为注重对学生团队协作精神与开放思维模式的培养，这一特质在教育的多个维度得以彰显。在课程规划上，创新创业教育积极吸纳企业导师、行业翘楚等多元教育资源，为学生带来鲜活的实践经验与深刻的行业洞察，借此拓宽学生视野，激发其思维的开放性与包容性。而在教学模式上，则强调通过小组课题、实习实训等形式，让学生在团队协作的实践中学会协同作战、共克时艰，这一模式不仅锤炼了学生的团队合作能力与沟通技巧，还提升了他们面对复杂挑战时的应变能力与解决问题的能力。

（五）个性化发展

每个学生都拥有独特的兴趣、能力和目标，因此创新创业教育倡导个性化的学习和发展路径，这一特点主要体现在以下方面：首先，在课程设置方面，创新创业教育提供了多样化的课程选项和灵活的课程安排，学生可以根据自己的兴趣和特长选择相关课程和项目，这种课程设置有助于激发学生的学习动力，提高其学习效果；其次，在教学方法上，创新创业教育注重个性化指导和辅导，针对不同学生的需求和特点提供有针对性的帮助和支持，这种教学方法有助于满足学生的个性化需求，促进其全面发展。

五、创新创业教育的目标

（一）培养高素质技术技能人才，服务区域经济社会发展

从服务区域经济社会发展的角度而言，创新创业教育发挥着不可或缺的作用。在经济新常态的背景下，创新成为推动经济社会持续健康发展的核心动力。区域经济的繁荣与产业结构的优化升级，从根本上依赖区域内个体与经济组织的创新创业活力。而这一切的源头，在于创新创业型人才的培育。高等教育作为人才培养的主阵地，其使命在于精准对接区域发展需求，培养出既具备专业知识又拥有创新能力的高素质技术技能人才。因此，创新创业教育需紧密围绕区域产业发展的实际需求，特别是中小微企业的技术研发与产品升级需求，通过深化专业教育与创新创业教育的融合，探索出一条将创新创业教育有效嵌入专业教育体系的新路径。这不仅有助于提升人才的质量与社会适应性，还能为区域经济社会的持续健康发展提供坚实的人才支撑。

（二）尊重个体价值，促进学生全面发展

创新创业教育在尊重个体价值与促进学生全面发展方面同样具有重要

意义。它不仅是一种服务于经济社会发展的工具性教育，更是一种以人为本、关注个体成长的全人教育。在创新创业教育的实践中，受教育者的个人需求与全面发展被置于核心位置。创新创业教育过程不仅关注知识的传授与技能的培养，更注重激发学生的创新创业意识、思维，以及批判和开拓精神。这种教育理念的转变，旨在通过培养学生的健全人格与内在精神，提升其适应经济社会发展的自我生存与发展能力。在这一过程中，学生不仅能够获得生存与就业的基本技能，还能在追求个人理想与实现自我价值的过程中不断成长与超越。

从更宏观的视角而言，创新创业教育在当前经济与社会中的重要性愈发凸显。它不仅承载着服务区域经济社会发展、推动产业转型升级的重任，更肩负着尊重个体价值、促进学生全面发展的使命。教育体系应深刻认识到创新创业教育的多重价值属性，通过系统的教育改革与发展，实现教育价值与社会价值、个体价值的辩证统一。这要求教育体系在培养高素质创新型人才的同时，也关注个体的全面发展与成长需求，形成教育与社会、个体需求的良性互动机制。唯有如此，才能既为社会输送源源不断的创新型人才，又在个体层面上促进学生的全面发展与成长进步，从而推动整个教育体系的持续完善与社会的全面进步。

（三）深化创新创业教育改革，促进教育高质量发展

深化创新创业教育改革，对于推动高职院校教育高质量发展具有举足轻重的作用。随着新时代的到来，高职院校教育步入了类型化与高质量发展的新阶段。创新创业教育作为提升教育质量、推动教育内涵建设的重要抓手，其改革与深化显得尤为迫切。高职院校应准确把握新时代创新创业教育的内涵与要求，积极转变教育理念，完善教育体系与人才培养机制。通过优化人才培养方案、加强创新创业教育与专业教育的深度融合，培养出既具备扎实的专业知识又拥有强烈创新意识与极强创新能力的高素质技术技能人才。这不仅有助于提升高职院校教育的整体质量与竞争力，更能为经济社会发展注入源源不断的创新活力。

六、创新创业教育的根本原则

（一）理论与实践相结合原则

创新创业教育强调理论与实践的紧密结合。高职院校在实施创新创业人才培养计划时，应充分认识到理论知识与实际应用之间的内在联系。理论知识为创业者提供了必要的思维框架和理论基础，而实践是将理论转化为实际行动、实现创新成果的关键环节。在理论教育方面，高职院校应加强创新创业相关课程的建设，通过系统的理论教学，培养学生的创新创业意识，提升他们的创新创业能力。同时，高职院校还应注重创新创业课程的更新与改革，以适应不断变化的市场需求和社会环境。在实践教育方面，高职院校应根据学生的专业背景和兴趣特点，开展多种形式的实践活动。例如，可以组织学生参与创新创业项目、创业大赛等，让他们在实践中锻炼自己的创新创业能力。此外，高职院校还可以与企业等外部机构合作，为学生提供更广阔的实践平台，促进理论与实践的深度融合。

（二）开放性与协同性相结合原则

创新创业教育的开放性体现在高职院校与外部环境的互动和合作上。高职院校应坚持开放办学，积极寻求与政府部门、企业、研究机构等外部机构的合作机会，共同推进创新创业教育的发展。首先，高职院校可以与政府部门建立紧密的合作关系，争取政府在政策、资金、项目等方面的支持。通过政府的引导和推动，高职院校可以更加有效地开展创新创业教育，培养学生的创新创业能力和社会责任感。其次，高职院校可以与企业建立产学研合作机制，共同开展科研项目、开发新产品等。通过企业的参与和支持，高职院校可以更加深入地了解市场需求和产业趋势，为学生提供更加贴近实际的创新创业实践机会。最后，高职院校还可以与研究机构建立合作关系，共同开展学术研究和人才培养工作。通过学术交流和合作研究，高职院校可以不断提升自身的学术水平和创新能力，为创新创业教育提供更加坚实的学术支撑。

（三）全程性与分层性相结合原则

创新创业教育的全程性体现在高职教育的各个阶段，包括入学教育、专业教育、实践教育和毕业教育等。高职院校应将创新创业教育贯穿学生的整个高职教育生涯，实现全程化的培养。在入学教育阶段，高职院校应通过举办创新创业讲座、组织创新创业社团等方式，引导学生树立创新创业的意识，激发他们的创业热情。在专业教育阶段，高职院校应将创新创业教育融入专业教学体系，通过课程设置、教学方法改革等手段，培养学生的创新创业能力和综合素质。在实践教育阶段，高职院校应为学生提供实践机会和资源支持，帮助他们将所学知识应用于实际创业过程中。在毕业教育阶段，高职院校应关注学生的创业计划和创业项目进展，为他们提供必要的指导和支持。高职院校在实施创新创业教育时还应注重分层性。由于不同学生的创业兴趣、创业能力和创业条件存在差异，高职院校应根据学生的实际情况和需求，开展有针对性的创新创业教育。例如，对于具有创业潜力和兴趣的学生，可以开设专门的创业课程、提供创业导师等支持；对于已经开始创业的学生，可以提供融资、市场推广等方面的指导和帮助。

七、创新创业教育的功能

教育理念推动教育实践，创新创业教育会对社会发展、教育发展和人的发展产生深远影响。培养创新创业型人才，既促进了社会进步与发展，又促进了教育改革与发展，更促进了人的自由而全面的发展。

（一）社会进步与发展的催化剂

一方面，创新创业教育为学生提供了更为全面和深入的就业与创业准备，有效地缩短了从毕业到就业的过渡时间，减少了社会资源的浪费，这种准备不仅体现在知识技能的积累上，还体现在对学生创业意识和创新精神的培养，使其能够更好地适应复杂多变的社会环境上。另一方面，创新创业教育对提升国家科技创新能力、促进自主创新能力的发展具有重要意义。高职院校作为知识创新和人才培养的重要基地，其创新创业教育应当承担起引导学生将创新理念转化为现实生产力的责任。通过培养具有创新精神和实践能力的高职学生，高职院校不仅为国家输送了宝贵的人才资源，更为国家的科技进步和产业升级提供了强有力的支撑。

（二）高等教育持续健康发展的动力源

创新创业教育打破了传统教育理念的束缚，推动了高等教育理念的更新和教学方法的改革。通过实施"宽口径、厚基础、综合化"的教育模式，创新创业教育不仅使学生的知识、能力与素质得到了全面发展，更使科学精神与人文素养得到了有机融合。创新创业教育对专业课程体系的改革和优化具有积极的推动作用，它要求高职院校重新审视传统的专业课程设置，打破学科壁垒，实现知识的交叉融合。创新创业教育还推动了教学方法的改进，使得启发性和参与性教学成为主流，让学生的创新性和创造性得到了更好的发挥。创新创业教育还促进了教学管理机制的创新。通过实行选课制、学分制等灵活多样的教学管理制度，学生的自主性和个性化需求得到了满足，这为他们的全面发展提供了更为广阔的空间。

（三）个体全面发展的助推器

首先，创新创业教育有助于高职学生树立正确的人生观和价值观，培养他们的社会责任感。通过参与创新创业实践，学生不仅能够更好地理解社会的需求和挑战，还能够形成对社会、对他人、对集体的责任感，为未来的职业发展和社会生活奠定坚实的基础。

其次，创新创业教育能够激发高职学生的学习积极性，促进其全面发展。在创新创业的过程中，学生需要不断地学习新知识、掌握新技能、解决新问题，这种持续不断的学习过程不仅能够提升学生的知识水平和技能水平，还能够培养他们的学习能力、适应能力、创新能力等综合素质。

最后，创新创业教育还能够开发学生的潜能，培养他们的创新思维。

参与创新创业实践时，学生需要不断地思考、探索、尝试、创新，这种过程不仅能够激发他们的创造力和想象力，还能够培养他们的批判性思维和解决问题的能力，这些思维和能力将成为他们未来职业发展和社会生活的宝贵财富。

八、创新创业教育的主要意义

（一）创新创业教育对国家宏观战略的意义

1. 对国际竞争力的提升

在经济全球化与知识经济蓬勃发展的当下，各国之间的竞争已逐渐转变为对创新人才及其创新能力的竞争。在这一背景下，我国作为世界贸易组织的成员，面对国际市场的挑战与机遇，必须加快培养具备国际视野、创新意识和国际竞争力的人才，这不仅是对我国高等教育提出的新要求，更是国家宏观战略层面的必然选择。随着我国经济的增长，在国际市场的参与度不断提升，各产业迫切需要大量具有国际竞争力的人才。同时，我国企业在海外市场的拓展也需要一批具备高级管理能力和科技知识的人才作为支撑，这些人才不仅要熟悉国内外的市场情况、了解国际文化，还需具备专业知识、创新精神和经营管理能力。因此，高等院校作为人才培养的重要基地，必须加快从传统教育向创新创业教育的转变，以满足国家宏观战略对人才的需求。

2. 对科教兴国战略的推进

在科教兴国战略的深入实施过程中，高等教育无疑占据了举足轻重的地位。作为教育体系的引领者，高等教育不仅肩负着培育高素质人才的历史使命，更是孕育新知识、新观念的摇篮。为顺应时代潮流，确保科教兴国战略的稳步推进，高等教育亟须由应试教育向素质教育转型，而创新创业教育则是这一转型过程中的核心要素与精髓。高职院校通过全面推广创新创业教育，能够有效激发学生的创新思维，点燃其创业激情，激励学生将理论知识付诸实践，实现知识与实践的深度融合。这一过程不仅促进了学生综合素质与能力的提升，更为社会输送了大量具有创新创业精神的人才，为国家的发展与繁荣奠定了坚实的人才基础。

3. 与国家兴旺发达的内在联系

创新创业是推动国家经济发展、社会进步的重要动力。在知识时代，创新能力及创新人才成为国际竞争的核心要素。许多发达国家已经将创新创业教育作为本国发展的主要战略，以培养具有创新精神和实践能力的人才为目标。创新创业教育在国家宏观战略中发挥着不可或缺的作用。首先，它有助于培养创新型人才，这些人才具备创新思维和创新能力，能够为国家的发展提供源源不断的动力；其次，创新创业教育能够帮助学生积极投身社会实践，通过创业活动拓展就业途径，创造更多的社会就业岗位，从而推动社会经济发展。特别是在当前经济结构调整的背景下，中小企业在国民经济中的比重逐渐上升，创新创业活动对激发社会经济活力具有重要意义。

（二）创新创业教育对我国社会经济发展的意义

在当今全球化与信息化交织的时代，以微电子技术、计算机应用技术、多媒体技术、卫星和光缆通信技术等为核心的信息技术飞速发展，经济全球化趋势日益显著，知识经济成为推动世界发展的主导力量。在这一时代背景下，我国综合国力的提升和国际地位的稳固，愈发依赖于科学技术新知识的总量及其在国际上的占比，以及具备创造新知识能力的优秀人才的数量。因此，培养创新创业型人才成为我国社会经济发展的迫切需求。高职院校作为知识的殿堂，不仅是旧知识的储存和传输基地，更是新知识、新文化的重要发源地。在知识经济的浪潮中，高等教育作为教育体系的顶端，承载着培养创新创业人才、推动社会进步的重要使命。为实现这一目标，高职院校必须全面实施创新创业教育，着力提升学生的创新意识和创业能力，以培养出能够适应时代潮流、引领社会发展的高素质人才。

创新创业教育的实施，对我国社会经济发展具有深远的意义。首先，它是推动社会创新和科技进步的重要力量。在知识经济时代，知识产业成为主导产业，知识劳动者成为劳动力市场的主体。因此，培养具备创新创业能力的知识劳动者，不仅能够为社会创造更多的价值，还能推动科技的进步和产业的升级。其次，创新创业教育能够为社会提供更多的新型人才，缓解就业压力。如今，智能化技术的应用使得传统劳动力需求减少，创新创业型人才成为企业竞相争夺的宝贵资源。通过实施创新创业教育，高职院校能够培养出更多的创新创业型人才，为社会提供更多的就业机会。最后，创新创业教育还能够提升国家在未来经济、文化竞争中的竞争力。在知识经济时代，创新已成为国家竞争力的核心要素。只有具备创新能力的国家，才能在激烈的国际竞争中立于不败之地。

随着科技的不断进步和教育的普及，知识和创新已成为推动社会经济发展的关键因素。创新创业教育通过培养创新型人才，为社会提供了源源不断的创新动力，推动了社会经济的持续增长。

（三）创新创业教育对我国教育发展的意义

1.引领教学培养与管理模式创新

创新创业教育的实施，不仅推动了教育思想的转变，还引领了教学模式的创新。具体而言，创新创业教育在教学培养模式和教学管理模式上都实现了重大突破。在教学培养模式方面，创新创业教育摒弃了传统的应试教育模式，转向了以素质教育和创业教育为核心的人才培养模式，它强调创新精神和实践能力的培养，鼓励学生积极参与创新创业实践，通过实践活动锻炼自己的能力和素质。这种人才培养模式的创新，不仅提高了学生的综合素质和竞争力，也为社会培养了大量具有创新精神和实践能力的人才。在教学管理模式方面，创新创业教育也实现了重大创新，它打破了传统的教学管理模式，引入了选课制、学分制等灵活多样的教学管理制度，允许学生根据自己的兴趣和特长选择课程和学习方式。这种教学管理模式的创新，不仅提高了学生的自主性和个性化需求，也激发了学生的学习积极性，培养了学生的创新精神。

2. 推动教育思想的根本性转变

随着我国市场经济的发展与知识经济时代的到来，我国的高等教育面临着重大的发展机遇与挑战。在这样的背景下，创新创业教育的引入不仅为高等教育注入了新的活力，更为教育思想的转变提供了重要的契机。传统的应试教育和整齐划一的教育模式，在快速变化的社会环境中显得力不从心。创新创业教育强调个性、创新与实践，它要求教育者摒弃传统的知识灌输模式，转向以培养学生创新精神和实践能力为核心的教育模式。创新创业教育的推广与实施，要求高等教育机构重新审视自身的教育目标和定位，它鼓励教育者从培养学生的基础知识与技能转向培养学生的创新思维和创业能力，进而推动整个高等教育体系向创新型、实践型、应用型转变，这一转变不仅符合当前国家经济社会发展的需求，也是实现高等教育跨越式发展的必由之路。

在创新创业教育的实施过程中，教师的角色与责任发生了根本性的变化。他们不仅是知识的传授者，更是培养学生创新精神和实践能力的引导者，这就要求教师不仅要提高自身的综合素质，更要充分认识到自身在创新创业教育中的重要地位和作用，将创新创业教育融入日常教学的全过程，潜移默化地培养学生的创新精神和实践能力。此外，创新创业教育还推动了素质教育理念的深化与发展，它强调学生的全面发展，注重培养学生的社会责任感、团队协作能力和终身学习能力，这种教育理念符合当今社会发展的需求，也为学生未来的职业生涯发展奠定了坚实的基础。

第四节　产教融合、校企合作及创新创业与三方协同的关系

一、产教融合与三方协同的关系

产教融合作为当前教育改革的重要方向，正逐渐成为推动高等教育与

产业发展深度融合的有效途径。在这一过程中，三方协同，即政府、学校与企业之间的紧密合作，扮演着至关重要的角色。

政府作为产教融合政策的制定者和推动者，发挥着引领和保障的作用。政府通过出台相关政策，为产教融合提供法律和政策支持，明确各方职责和权益，为三方协同奠定坚实基础。同时，政府通过资金投入、项目引导等方式，鼓励学校和企业积极参与到产教融合中来，形成良性互动的合作机制。政府在这一过程中，既是规则的制定者，也是合作的促进者，为产教融合与三方协同提供了有力的政策保障。

学校作为人才培养的主阵地，是产教融合的重要参与者。在产教融合背景下，学校需要根据产业发展的需求，调整课程设置和教学内容，以培养符合市场需求的高素质人才。学校与企业合作，共同开发课程、教材和实践项目，使学生能够在学习中接触到最新的产业技术和知识。此外，学校还通过与企业建立实习实训基地，为学生提供更多的实践机会，提升他们的实践能力和职业素养。学校在三方协同中，扮演着人才培养和知识创新的关键角色。

企业作为产业发展的主体，是产教融合的直接受益者和推动者。企业通过参与产教融合，可以更早地接触到优秀人才，这为企业的持续发展提供了人才保障。同时，企业还可以与学校合作开展科研项目，共同解决产业发展中的技术难题，推动产业升级和技术创新。企业在三方协同中，不仅提供了实践平台和就业机会，还通过技术转移和成果转化，促进了科技成果的产业化应用。

在产教融合与三方协同的过程中，政府、学校和企业三者相互依存、相互促进。政府的政策支持和法律保障为三方协同提供了良好的外部环境，学校的人才培养和知识创新为产业发展提供了源源不断的动力，企业的实践平台和就业机会为学生提供了更多的发展机会。这种三方协同的机制，不仅有助于提升人才的培养质量，使其更符合市场需求，还能促进产业升级和技术创新，推动经济社会的发展。未来，随着产教融合的深入推进，三方协同的机制将更加完善。政府将进一步加强政策引导和监管力度，为产教融合提供更好的政策环境；学校将不断深化教育教学改革，提高人才培养质量；企业将更加积极地参与到产教融合中来，为产业发展贡献更多力量。三方协同的深化和发展，将为产教融合注入新的活力，推动高等教育与产业发展的深度融合，为经济社会的持续健康发展提供有力支撑。

二、校企合作与三方协同的关系

在当今社会，随着经济的快速发展和产业结构的不断调整，校企合作成为一种重要的教育模式，逐渐受到各界的广泛关注。三方协同作为校企合作的一种深化和拓展，更是在促进教育、科技与经济融合方面发挥着举足轻重的作用。校企合作是学校与企业之间建立的一种合作关系，这种关系基于双方各自的需求和资源，通过优势互补，共同实现人才培养、科技研发、社会服务等多重目标。学校拥有丰富的教学资源和科研力量，能够为企业提供所需的人才和智力支持；企业拥有实际的市场经验和产业资源，能够为学生提供实习实训的机会，帮助他们更好地适应市场需求。在校企合作的基础上，三方协同进一步拓展了合作的范围和深度。政府或行业协会作为第三方，不仅为校企合作提供政策支持和资金保障，还通过制定相关标准和规范，引导校企合作向更加规范化、专业化的方向发展。

三方协同在人才培养方面发挥着重要作用。学校根据企业的实际需求，调整课程设置和教学内容，使学生所学的知识和技能更加贴近市场需求。企业通过提供实习实训岗位，让学生在实践中锻炼和提升自己。政府或行业协会通过制定人才培养标准和职业资格认证制度，确保人才培养的质量和效果。这种三方协同的人才培养模式，既满足了企业对人才的需求，也提高了学生的就业竞争力。

在科技研发方面，三方协同具有显著优势。学校拥有雄厚的科研力量和创新能力，能够为企业提供前沿的科技成果和解决方案。企业拥有实际的生产经验和市场需求信息，能够为学校的科研方向提供有力指导。政府或行业协会通过搭建科技创新平台和提供资金支持，促进产、学、研、用深度融合，推动科技成果的转化和应用。

此外，三方协同还在社会服务方面发挥着重要作用。学校通过与企业合作，共同开展社会服务项目，如技术培训、咨询服务等，为社会发展贡献力量。企业通过参与社会服务项目，提升自身的社会形象和品牌价值。政府或行业协会通过引导和支持社会服务项目的开展，促进社会的和谐发展。

三方协同的成功实施需要各方之间的密切沟通和协作。学校需要主动了解企业的需求和市场动态，调整教育教学模式和科研方向；企业需要积极参与校企合作和三方协同，为人才培养和科技研发提供有力支持；政府或行业协会需要制定完善的政策和规范，为三方协同提供良好的环境和保障。因此，校企合作与三方协同在促进教育、科技与经济融合方面发挥着重要作用。

通过深化校企合作、拓展三方协同的合作范围和深度，可以更好地满足社会对人才的需求，推动科技成果的转化和应用，促进社会的和谐与发展。

三、创新创业与三方协同的关系

在当今社会，创新创业已成为推动经济发展、促进产业升级的重要动力。而创新创业的成功，往往离不开政府、企业和高校这三方主体的协同合作。在创新创业过程中，三方协同机制不仅有助于资源整合，还能促进知识流动和技术创新，为创新创业提供良好的环境支持。

政府作为政策制定者和监管者，通过出台一系列优惠政策，如税收优惠、资金扶持、创业指导等，为创业者提供有力的政策保障。这些政策旨在降低创业门槛，激发市场活力，鼓励更多人投身于创新创业。政府还积极搭建创新创业平台，如孵化器、加速器等，为初创企业提供办公空间、设备设施、法律咨询等一站式服务。这些平台的建立，有助于初创企业快速成长，提高创业成功率。

企业不仅是技术创新的主体，也是创新成果转化的重要载体。企业通过投入研发资金，引进先进技术，培养创新人才，不断提升核心竞争力。在三方协同机制中，企业积极与政府、高校开展合作，共同推动产、学、研、用深度融合。企业不仅可以通过与高校合作，获取前沿的科研成果和技术支持，为产品创新提供源源不断的动力，还可以利用政府的政策资源和平台优势，拓展市场空间，实现规模化发展。

高校作为人才培养和科研创新的重要基地，在创新创业过程中具有独特的优势。高校拥有丰富的科研资源和人才储备，能够为创新创业提供智力支持和人才保障。高校通过开设创新创业课程，举办创新创业大赛等活动，培养学生的创新意识和创业精神。同时，高校还积极与企业合作，共同开展科研项目，推动科技成果转化。在三方协同机制中，高校发挥着桥梁和纽带的作用，将政府的政策资源、企业的市场需求和高校的科研优势有机结合起来，形成创新创业的强大合力。

三方协同机制在创新创业过程中的具体运作方式多种多样：政府可以通过政策引导和资金支持，鼓励企业与高校开展合作；企业可以积极参与高校的科研项目，共同推动技术创新和成果转化；高校可以为企业提供人才培训和技术支持，帮助企业提升创新能力。这种协同合作的方式，有助于实现资源共享、优势互补，推动创新创业事业的持续发展。此外，三方协同机制还有助于构建良好的创新创业生态环境。政府通过完善法律法规、加强市场监管，为创新创业提供公平、公正的市场环境；企业通过诚信经营、积极履行社会责任，树立良好的企业形象；高校通过加强学风建设、培养高素质人才，为创新创业提供源源不断的人才支持。

第二章　高职院校产业学院与农牧电商

　　高职院校作为职业教育体系中的关键环节，不仅承担着培养高素质技能型人才的重任，更是连接教育与产业、促进知识转化的桥梁。随着信息技术的飞速发展和"互联网+"战略的深入实施，传统产业与新兴业态的交融日益紧密，为职业教育带来了新的挑战与机遇。其中，农牧电商作为现代农业与现代信息技术结合的典范，正逐步改变着传统农牧业的生产、销售和服务模式，展现出巨大的发展潜力和市场前景。本章重点围绕高职院校产业学院的基础知识、农牧电商及农牧电商产业学院进行研究。

第一节　高职院校产业学院概述

一、高职院校产业学院的高质量发展

　　产业学院作为深化产教融合、校企合作的创新载体，自出现以来就广受高职院校、政府部门和行业企业等相关主体的关注[1]。随着我国产业的不断升级以及经济结构的优化，对高素质技能型人才的需求也愈发紧迫。因此，下文将对高职院校产业学院高质量发展进行探究。

---

[1] 槐福乐，常熙蕾.高职院校产业学院高质量发展的背景、内涵与实践路径[J].武汉交通职业学院学报，2023，25（2）：71.

（一）高职院校产业学院高质量发展的背景分析

产业学院的基本职能、属性以及功能已经得到职教学界的广泛认可，产业学院发展政策的不断推进、产教融合与校企合作的不断深化，以及职业教育高质量发展的不断赋能，推动了高职院校产业学院的高质量发展，为其规范运行、高效治理奠定了坚实的发展基础。

1. 外在推动——产业学院发展政策不断延续

政策作为驱动高职院校产业学院不断前行与革新的外在动力源泉，构成了职业教育体系深化改革与创新发展的核心策略，这一策略不但彰显了国家对职业教育与产业发展深度融合的高度重视，而且在实践层面，极大地催化了高职院校与各类企业、行业协会等多元主体间的协同合作进程。通过构建系统化、长效化的政策框架，政策引导并保障了产教融合、校企合作的深度实施，促进了教育链、人才链与产业链、创新链的有机衔接。

在此政策导向下，高职院校与产业界之间的界限被逐步打破，双方基于共同的目标与利益诉求，形成了紧密的合作共生关系。产教融合的模式不仅促进了教育资源的优化配置与高效利用，还实现了知识传授与生产实践的深度融合，为学生提供了更贴近行业实际的学习环境与成长路径。同时，这种合作模式也促使高职院校根据产业发展趋势与市场需求，灵活调整专业设置与课程体系，从而培养出更多具备高度职业素养与极强实践能力的高素质技能型人才。

2. 内在动力——产教融合、校企合作不断深化

高职院校产业学院作为职业教育转型的关键节点，标志着我国职业教育体系正从单一的政府主导模式向多元化办学结构过渡，体现了职业教育由数量增长向质量提升的战略转型与持续探索路径。产业学院的兴起，不仅凸显了职业教育的特色定位，还强化了产教融合与校企合作这一双核驱动的教育模式。然而，当前产教融合与校企合作在实践中仍面临诸多挑战，成为制约职业教育高质量发展的影响因素。产业学院为破解这一难题提供了创新思路，它通过将行业前沿技术、民族文化精髓及市场需求深度

融入教育教学内容，有效促进了产业领域与教育领域的无缝对接与深度融合，为推动产教融合与校企合作的可持续发展注入了强劲动力，显著提升了职业教育的整体品质。

此外，产业学院被视为中国特色产教融合模式的制度创新成果，它根植于我国职业教育的具体国情，是对既有教育模式如订单式培养、集团化办学及产教融合型企业等改革实践的超越与升华。产业学院在资源整合、优势互补、项目合作、成果共享、利益分配及人才培养等方面展现出更为突出的优势，成为深化产教融合的新引擎。随着这一进程的加速，产业学院的形态日益丰富多元，形成了与行业龙头、政府机构（或部门）、行业协会（或职教联盟）等多主体协同共建的多种模式，包括"校企合作型""校行合作型""校政合作型"，以及它们的组合形态，如"校行企合作型""校政企合作型""校政行合作型""校政行企合作型"。其中，"校企合作型"产业学院占据主导地位，然后是"校行企合作型"与"校政行企合作型"，其他类型虽占比较小，但也各具特色，共同构成了产业学院多样化的生态格局。

3. 现实需要——职业教育高质量发展不断赋能

职业教育的高质量发展，作为当前教育改革与产业升级的重要交会点，持续为高职院校产业学院的兴办与发展注入了强劲动力。这一进程不仅是对职业教育体系自身优化升级的积极响应，也是深度契合企业需求与区域经济结构转型的必然选择，体现了职业教育服务国家战略、对接市场需求、促进人的全面发展的深刻内涵。

从职业教育内部变革的视角审视，高职院校产业学院的建立与发展，是对传统教育模式的一次革新，它突破了以往职业学校教育相对封闭的界限，通过引入行业企业等多元主体，构建了以需求为导向、产学研深度融合的人才培养新生态。此模式不再局限于"为教育而教育"的传统框架，而是将技术技能人才的培养置于更广阔的社会经济背景之中，力求实现教育输出与市场需求之间的精准对接，这种转变不仅解决了高职教育与企业实际需求脱节的问题，还促进了教育内容与职业标准的紧密衔接，为培养既具备扎实专业技能又拥有良好职业素养的高素质人才奠定了坚实基础。

此外，职业教育的高质量发展还体现在其内外部逻辑的和谐统一上。作为直接关联经济社会发展的教育类型，职业教育承担着为产业发展输送高质量人力资源的重任。高职院校产业学院通过精准定位区域产业发展方向，动态调整专业设置与课程内容，有效促进了教育链与产业链的无缝对接，这一过程不仅强化了职业教育的社会服务功能，还通过创新链的融入，激发了教育与产业间的互动创新潜能，形成了教育驱动产业升级、产业反哺教育提升的良性循环。产业学院作为这一模式的实体化运作平台，不仅打破了教育与产业之间的壁垒，还促进了知识传授、人才培养、技术创新与成果应用的一体化进程，展现了职业教育高质量发展的时代活力与前瞻布局。

（二）高职院校产业学院高质量发展的重要意义

高职院校产业学院在改革政策的推动下不断深入发展，在产教融合与校企合作过程中类型更加多元，在职业教育高质量发展的基础上内涵不断丰富，进而实现了多元发展。循着高职院校产业学院高质量发展的现实背景，以下从校企合作新机制、创新服务新平台与人才培养新模式三个方面对高职院校产业学院高质量发展的深远意义进行阐释。

1. 通过加强高职院校联动产业集群，实现共赢发展

高职院校产业学院作为一种创新的合作模式，是在政府引导与扶持下，由高职院校、企业及行业协会等多方主体共同参与构建的跨界协同教育平台。该模式本质上是一种深度整合教育资源与产业资源的学习生态系统，它不仅与企业的实际价值创造过程紧密相连，还实现了学生在校内理论知识学习与校外岗位实践经验的有机融合。各参与方围绕产业学院的育人宗旨，立足自身发展需求，展开深度协作，旨在促进全产业链的升级与发展，为区域经济社会的繁荣贡献高素质技能型人才。

产业学院超越了传统高职院校二级学院的框架，呈现出更为复杂且灵活的组织架构，它深度融合了区域职业教育与产业发展的需求，具备相对

独立的运作机制，成为校企合作的新典范。随着相关政策措施的逐步完善、校企合作的不断深化，以及职业教育整体质量的提升，产业学院的合作模式也在持续优化与创新，涌现出多样化的组织形式，聚焦于通过新颖的校企合作机制，促进高职院校与区域产业集群的紧密对接，从而提升职业教育的人才培养质量，助力职业教育的高质量发展议程。

2. 通过搭建区域创新服务平台，完善高职院校管理

构建区域创新服务体系对于优化高职院校产业学院的管理架构而言，是一个至关重要的战略举措，它直击高职院校产业学院追求高质量发展的核心议题。区域创新服务平台作为一种高效的资源整合机制，不仅促进了高职院校产业学院管理体制的深化与完善，还显著提升了其教育质量与社会影响力。该平台作为连接区域内外资源的桥梁，通过促进资源共享、信息交流与服务对接，有效识别并应对合作各方在协同创新过程中遇到的挑战，加速了问题解决进程，从而构建起一套高效协同的创新生态系统，这一过程极大地激发了高职院校产业学院的内在潜能与创新活力，促使其在教育链、人才链与产业链、创新链的深度融合中发挥更加积极的作用。

具体而言，区域创新服务平台的构建从两个层面推动了高职院校产业学院的升级转型。首先，在人才培养层面，平台促进了人才培养方案与行业标准的紧密对接，确保了教育内容与未来职业需求的精准匹配。通过引入行业前沿知识，设计贴合实际工作场景的课程体系，强化学生的实践操作技能，为产业输送具备高度适应性与竞争力的技术技能型人才。其次，在科研与技术转化层面，平台为高职院校与企业搭建了深度合作的舞台，双方可联合攻克产业关键技术难题，不仅解决了企业的实际困扰，还推动了行业的技术进步与转型升级。在此过程中，企业丰富的市场资源和技术优势，与高职院校的科研潜力和人才储备互为补充，形成了产、学、研、用紧密结合的良性循环。因此，构建区域创新服务平台不仅是完善高职院校产业学院管理体制机制的关键路径，也是提升其综合竞争力与可持续发展能力的必然选择，这一举措不仅强化了产业学院的服务功能与创新能力，更为区域职业教育的繁荣与区域经济社会的发展注入了强劲动力，展现了高职教育在新时代背景下服务国家战略、支撑产业升级的重要作用。

3. 通过提升高职人才培养质量，培育高技能人才

在优化高职人才培养路径的探索中，强化校企合作机制的创新成为提升高技能人才培养质量的关键。传统校企合作模式因双方在运行逻辑、管理框架及发展愿景上的差异，其协同效应并未得到充分释放。对此，高职院校与行业企业携手共建产业学院的实践，开创了一种"双元主体"深度融合的教育新模式。在该模式下，教育资源的共享、人才培养方案的共同规划及实施，确保了职业教育活动全过程中的双主体参与，不仅深化了校企合作的内涵，也标志着职业教育混合所有制办学体制的一次重要革新。此举措有效打破了职业教育固有的封闭性，激发了多元社会主体参与职业教育的积极性，为职业教育体系注入了新的活力。

进一步而言，产业学院的蓬勃发展不仅拓宽了职业教育人才培养的维度，还在实质上提升了高职院校的人才培养质量，实现了对高素质技能型人才的精准培育。产业学院的建设紧密贴合产业发展需求，通过深入的行业动态监测与企业直接参与，使其教育体系中的培养目标、课程设置及教学内容更加贴近行业实际，从而确保培养出的人才能够精准对接产业升级的需求。此外，在科技日新月异、产业迭代加速的当下，企业对高素质技术人才的需求日益迫切。高职院校作为技术技能人才培养的主阵地，通过产业学院这一平台，为企业输送了大量符合市场需求的高技能人才，成为企业技术创新与人力资源升级的重要支撑。产业学院的高质量发展，不仅标志着职业教育人才培养质量的飞跃，也深化了产教融合，为企业的持续发展提供了坚实的人才与技术支持，构建了教育与产业协同发展的新生态。

（三）高职院校产业学院高质量发展的内涵剖析

鉴于高职院校产业学院在职业教育体系中的独特地位及其对社会经济发展的重要贡献，深入探讨其高质量发展的内涵显得尤为必要。从高职院校产业学院高质量发展的宏观背景出发，紧密结合职业教育的内在逻辑与时代特征，下文从生态平衡发展视角、全面质量管理理念以及人本主义教

育理念三个维度，对高职院校产业学院高质量发展的内涵进行深度阐释，旨在为高职院校产业学院探索高质量发展路径提供理论支撑与实践指导。

1. 生态平衡发展视角下的资源优化配置与协同共生

高职院校产业学院作为职业教育高质量发展的新型组织形态，其本质在于实现教育资源与产业资源的深度融合与高效利用。依据生态平衡发展理论，高职院校产业学院的高质量发展可归结为三个核心要素：多元主体的协同共生、资源的高度融合以及与环境的动态适应。具体而言，产业学院应构建政府、学校、企业、行业等多方参与的协同机制，促进各主体间的信息共享、优势互补与利益共赢，形成稳定的生态系统。同时，通过深度整合校内外资源，包括师资力量、实训基地、科研项目等，实现教育资源与产业需求的有效对接。此外，产业学院还需主动适应区域经济结构、产业政策及文化环境的变化，通过灵活调整专业设置、课程内容及教学模式，实现与区域经济社会发展的深度融合与生态平衡，从而推动产业学院与区域社会的和谐共生与可持续发展。

2. 全面质量管理理念下的持续改进与多元共赢

全面质量管理作为一种先进的管理理念，其核心在于追求产品或服务的持续优化与顾客满意。将这一理念应用于高职院校产业学院的高质量发展，意味着要关注学院运营的全过程、全要素及全方位的质量提升。与企业管理领域的逐利性与统一性不同，高职院校产业学院的质量管理更强调多样化发展与社会性价值。具体而言，产业学院应实施全周期质量管理，从规划、建设到运营、评估各阶段均注重质量监控与持续改进；同时，坚持需求导向，紧密围绕产业发展需求与市场需求，优化专业设置与课程体系；此外，还应构建多方协调共赢机制，通过校企合作、产教融合等方式，实现教育链、人才链与产业链、创新链的有机衔接。全面质量管理理念的实施，不仅能够提升产业学院的人才培养质量与社会服务能力，还能够促进学院内部的系统性变革与整体效能提升。

3. 人本主义教育理念下的人才培养与学生发展

高职院校产业学院作为技术技能型人才培养的重要基地，其高质量发展的核心在于人才培养质量。人本主义教育理念强调以学生为中心，关注学生的全面发展与个性成长。在产业学院的高质量发展中，这一理念体现为：首先，将人才培养质量作为衡量学院发展成效的首要标准，通过构建科学合理的人才培养体系，实现高技术技能型人才的精准培养；其次，优化组织架构与办学条件，为学生提供优质的教学资源与学习环境，确保教学运行的高效与管理服务的到位；再次，加强校企合作，通过工学交替、顶岗实习等方式，让学生在真实的工作场景中学习与成长，提升其职业素养与实践能力；最后，建立多元化评价体系，既注重结果性评价，也重视过程性评价，关注学生的全面发展与成长轨迹，确保人才培养质量与社会需求紧密契合。通过实施人本主义教育理念，高职院校产业学院不仅能够培养出符合社会需求的高素质技术技能人才，还能够促进学生的全面发展与终身发展，为区域经济社会发展提供人才支撑。

（四）高职院校产业学院高质量发展的实践路径

基于高职院校产业学院高质量发展的现实背景、深远意义与内涵表征，下文从完善区域范围产业学院制度建设、明确高职院校产业学院办学定位、构建健全的自组织改革发展机制三个方面提出高职院校产业学院高质量发展的实践路径，旨在提升高职院校产业学院人才培养质量，促进高职院校产业学院高质量发展。

1. 加强区域联动，优化区域产业学院制度建设

自2017年起，我国连续发布了一系列重要文件，如《国务院办公厅关于深化产教融合的若干意见》《现代产业学院建设指南（试行）》《关于推动现代职业教育高质量发展的意见》等，明确界定了产业学院建设的核心任务与使命。尤为值得一提的是，2022年新修订的《中华人民共和国职业教育法》频繁提及"产业"，内容涵盖政府推动产业结构优化、提升产业工人整体素质、依据产业布局与行业需求扶持职业教育机构与专业发展等多个维度，不仅为产业学院的高质量发展奠定了坚实的法律基础，也为地方政策制定提供了明确的法律框架，有力地驱动了产业学院的蓬勃发展。

然而，当前仅有少数省（市、自治区）制定了具体的产业学院建设政策，显示出地方政府在响应国家号召、细化落实措施方面尚有提升空间。为深化高职教育与区域经济产业的融合共生，推动产业学院迈向更高水平，地方政府亟须积极响应国家号召，加快出台针对性强、操作性高的产业学院建设规划，以完善区域产业学院制度体系。具体而言，应从以下几个关键方面着手。

（1）构建产业学院高效运行机制。由于产业学院具有运营主体多元、资料来源广泛等特点，明确各参与方的角色定位、权责界限成为确保学院顺畅运行的前提。应通过建立常态化的沟通协商机制，围绕办学宗旨、教育目标、教学任务等核心议题展开深入讨论，达成共识，确立共赢共享、风险共担的合作原则，为产业学院的稳定运行提供制度保障。

（2）优化人才培养体系。产业学院应紧密对接区域经济社会发展需求，致力于培养具备高度专业技能与良好综合素养的人才。这要求学院不仅要实施学徒制教育模式，与企业、行业协会等深度合作，共同设计人才培养方案，确保教育内容与产业需求的高度契合，还要探索复合型人才培养路径，积极实施"1+X"证书制度，与行业伙伴协同构建与专业能力相匹配的证书体系，促进学生全面发展，增强其就业竞争力。

（3）健全多元主体利益协调机制。产业学院的持续健康发展依赖于各参与方资源的有效整合与合理分配。因此，建立一套科学合理的财务管理、人力资源配置及资源使用制度至关重要。应明确人才选拔标准，财务透明公开，制定合理的利益分配机制，确保每一份投入都能得到相应的回报，保障所有参与主体的合法权益，激发各方参与热情与创造力。

2. 精准定位发展，为产业学院高质量发展服务

明确高等职业院校中产业学院的办学定位，实际上是对高等职业教育本质属性与功能定位的深刻洞察与明确界定。它基于对职业教育类型特征的精准把握以及对职业教育高质量发展核心要义的透彻理解，明确产业学院追求高质量发展的逻辑起点与最终目标，对引导产业学院实现高质量发展具有引领作用。

（1）产业学院的办学定位需紧密贴合区域产业发展的实际需求。产业学院若要实现高质量发展，必须与区域及行业的战略规划保持高度一致。因此，产业学院在确立办学定位时，必须深入剖析区域产业现状及未来演变趋势，确保教育服务能够精准对接产业需求。在学院筹建阶段与发展初期，高职院校需对自身办学能力进行全面而客观的评估，明晰学院的发展目标与资源储备，集中优势资源并倾斜于产业学院建设，以满足区域经济与产业发展的迫切需求。同时，学院应积极了解企业与区域产业链的具体需求，通过多元化渠道吸引社会各界资源投入，依据产业结构特征及发展趋势，灵活调整人才培养方案，确保人才培养目标与区域产业发展需求的高度契合。面对区域产业结构的动态调整与升级，产业学院应展现出高度的灵活性与适应性，及时调整专业设置、课程结构、师资队伍及科研方向，以促进学院专业体系与区域产业结构的深度对话与融合。

（2）产业学院需高度重视自身功能定位、顶层设计与战略规划。一方面，通过构建特色鲜明的专业集群，培养符合社会经济结构与区域产业转型升级需求的高素质技术技能人才。学院应基于现有专业基础，遵循产业发展逻辑，对现有专业进行重组优化，形成支撑特色产业发展的新专业集群，从而增强学院的核心竞争力与人才培养质量。另一方面，学院应着力打造产教融合、校企合作的深度合作平台，针对区域产业现状，为在职技术人员提供定制化的技术培训与技能提升服务。学院应联合政府、企业、行业协会等多方主体，依托产教融合平台，整合资金、技术、知识、人才等多元资源，有序开展科研创新活动，有效提升其科学研究水平、技术开发能力，并通过科研成果的转化与应用，以及高质量的培训服务，增强学院的科研与社会服务能力，显著提升学院的知名度与影响力，为各参与方带来良好的社会效应与品牌效应。

3. 提升发展能力，构建自组织机制

自组织机制是高职院校产业学院在运作过程中，与行业内企业、行业协会及其他相关多元主体实现信息互通与共享，并能依据外部环境变迁自主调整内部结构以适应性发展的一种高效机制。此机制的引入，旨在推动

高职院校产业学院迈向全周期、全主体、全社会深度参与的高品质发展路径。

（1）优化高职院校产业学院专业设置与调节机制。在专业设置层面，需兼顾深度与广度：首先，在深度上，不仅确保学生掌握产业学院的核心技术技能，还能满足其个性化成长的多元需求；其次，在广度上，强调技能间的广泛通用性和高度兼容性，打破专业界限，拓宽就业领域。面对社会经济的迅猛发展与产业结构的快速迭代，高职院校应主动与行业企业动态对接，构建一套适应产业学院高质量发展的专业动态调整机制。该机制需具备精准预测市场需求变化的能力，及时调整专业结构，确保产业学院的专业布局与区域产业发展趋势紧密相连，实现教育链、人才链与产业链、创新链的有机衔接。

（2）完善高职院校产业学院的课程体系构建。课程体系作为高职教育的基石，直接关乎人才培养的质量与成效。因此，产业学院应构建一套系统化、标准化且能灵活响应劳动力市场需求的课程体系。具体而言，课程设置需具备前瞻性，紧密贴合市场需求，以岗位需求为导向，以技术技能为核心，使学生通过课程学习即可获得岗位实践体验，掌握必备技能，满足其就业与职业发展需求。同时，强调理论与实践的深度融合，以培养高素质技术技能人才为目标，加大实践教学的比重，强化学生技能实训。此外，课程体系还需具备灵活性，能够随产业结构的变化而适时调整，及时剔除过时内容，引入新兴领域知识，保持课程内容的时效性和实用性。

（3）提高高职院校产业学院的办学灵活性。作为混合所有制办学模式的探索，产业学院应在校企合作育人、成果认定与转化等方面展现出更高的灵活性。一方面，通过实现学校与工作场所的无缝对接，满足学生多元化发展诉求。产业学院的贯通培养模式不仅促进了学生的顺利就业，还降低了学校与企业的成本投入，实现了多方共赢。学生通过在产业学院的学习经历加深了对专业的认知，激发了学习动力，为从学生到职业人的顺利过渡提供了有力支撑，进一步推动了产业学院的高质量发展。另一方面，应关注并保障高职教师的合法权益，激发其参与产业学院的积极性。高素质的教师队伍是产业学院持续发展的核心力量，当前，提升教师参与度成为关键。为此，高职院校可将教师在产业学院的工作成果纳入评价体系，给予相应的认可与奖励，如计入工作量、职称评定优先等，以满足教师的职业发展需求，激发其内在动力，为产业学院的蓬勃发展注入持久活力。

二、高职院校产业学院的建设研究

近年来，随着国家政策层面的持续推动，各级地方政府积极响应并出台了一系列旨在促进现代产业学院建设的优惠政策，为产业学院的蓬勃发展提供了强有力的政策支撑。在此背景下，现代产业学院的建设步伐显著加快，取得了一系列令人瞩目的成就。然而，当前产业学院的数量扩张趋势已呈现出减缓态势，部分学院因未能适应新的发展要求而面临调整或停办，这一变化标志着产业学院建设进入了一个由量变向质变转型的关键时期。

在新时代，产教融合的内涵与外延得到了极大拓展，其目标已不再局限于单纯解决学生的就业问题，而是转向了更高层次的人才培养战略。具体而言，现代产业学院更加注重培育那些兼具创新思维、全面素质及应用能力的复合型人才，以满足经济社会快速发展对高端人才的迫切需求，这一转变不仅体现了教育链、人才链与产业链、创新链的深度融合，也为推动产业升级转型和经济社会高质量发展注入了新的活力与动力。

（一）高职院校产业学院建设的意义

高职院校产业学院的建设，在新时代背景下承载着深远的意义，其对于推动经济社会发展、优化教育资源配置、促进学科专业创新及提升毕业生就业质量等均展现出极高的价值。

第一，为经济转型输送人才。产业学院作为连接教育与产业的桥梁，对于促进经济转型与产业升级具有不可替代的作用。面对我国经济结构调整与产业升级的迫切需求，特别是在高端制造、现代服务业、信息技术、新材料、可再生能源等战略新兴领域，产业学院通过精准定位人才培养目标，致力于培养兼具理论基础、创新思维与实践技能的复合型人才。此类人才的涌现，为区域经济转型提供了强大的人才支撑，有效缓解了关键领域人才短缺的困境，加速了产业升级的步伐，为经济社会持续健康发展注入了强劲动力。

第二，多方主体资源高效整合。产业学院构建了一种高效协同的资源整合机制，实现了教育链、人才链与产业链、创新链的有机衔接。通过学校、企业等多方主体的深度合作，产业学院不仅使学生能够紧跟产业前沿技术动态，还使教育内容与市场需求高度契合。企业的直接参与，不仅为教育内容的更新提供了第一手实践反馈，助力教育方向与市场需求的无缝对接，也为自身解决了人才招募与培养的难题，构建了长期稳定的人才供应体系。此外，产业学院还促进了"双师型"教师队伍的建设，即教师既具备深厚的理论功底，又拥有丰富的实践经验，进一步提升了教育质量与教学效能。

第三，促进专业集群建设。产业学院在促进专业集群建设方面发挥了关键作用。通过深度融合学科专业与产业发展，产业学院打破了传统学科壁垒，促进了跨学科、跨专业的交叉、融合与创新，形成了特色鲜明、优势互补的专业集群，这些专业集群不但紧密贴合社会需求，而且在前沿业态的探索与实践中展现出强大的创新力与引领力，为高等教育的内涵式发展开辟了新的路径。

第四，提高毕业生就业率。产业学院通过精准对接产业需求，显著提高了毕业生的就业竞争力与就业率。在产业学院的框架下，企业专家与行业领袖深度参与人才培养的全过程，从课程设计、教学实施到实习实训，均紧密围绕企业实际需求展开，这种产学研一体化的教育模式，确保了毕业生不仅掌握扎实的专业知识，还具备解决实际问题的能力，从而能够在毕业后迅速融入职场，实现高质量就业，有效缓解了毕业生就业难的问题。

（二）高职院校产业学院建设的路径

1.制定相应政策，完善管理体系

在制度构建层面，需将国家对产业学院建设的宏观指导与地方产业实际需求及校企合作双方的特异性深度融合，以作为制定相关政策法规的基石。此过程应细致规划，明确界定校企双方的权利、义务及激励措施，特别是要设计一套全面的激励保障机制，旨在激发企业的参与热情，提升其在产业学院建设中的主动性与贡献度，进而提升产业学院的建设水平与质量。

至于运行机制的创新，则需探索并实施一种多元化主体协同的新模式，旨在充分利用学校、企业及社会各界的优势资源，形成合力。产业学院作为区域产业升级的关键驱动器，其战略地位不容忽视，它通过高效整合多方资源，为产业转型与区域经济发展注入强劲动力。因此，持续的机制创新与模式优化是产业学院保持活力、精准对接地方产业需求的重要途径，同时，这一过程也为产业学院的建设积累了丰富而宝贵的实践经验。

关于管理体系的完善，产业学院的管理架构不应局限于职业院校内部的二级学院管理，而应构建一个包含企业代表、行业协会等多方相关者的专门管理机构。在此基础上，建立健全的理事会制度，将理事会作为决策与协调的核心平台，明确界定各参与方的权责边界，促进共识的形成。这一管理机制的革新，不仅能够进一步提升企业的参与意愿，还能有效促进知识、技术、资金等资源的共享与高效配置，为产业学院的可持续发展与多方共赢奠定坚实基础。通过此类组织结构的优化与管理机制的创新，产业学院将更好地服务于区域经济发展，成为推动产业升级与高质量发展的重要力量。

2.完善合作机制，创新人才培养模式

校企合作模式呈现出多样化的特点，其核心在于将教育机构的专业设置与企业的实际岗位需求紧密对接。为此，职业院校应组织师生实地考察合作企业，使教职工及学生深入了解企业的运营环境、生产流程及人力资

源需求状况。在此基础上，教育机构与企业领域的专家展开深入交流，依据企业当前岗位需求及行业新兴趋势、技术创新、岗位迭代等实际情况，对现有教育体系进行调整，以期最大化地融合双方资源优势。

在人才培育过程中，企业需依据自身技术技能需求，为在校学生提供专项培训，尤其是针对企业迫切需求的先进技能，应进行系统且全面的教学。同时，通过为学生创造实践应用所学技能的机会，进一步推动教育与产业的深度融合，促进人才培养与就业服务的有效衔接，构建校企间深度合作、紧密联结、优势互补的协作机制。以武汉城市职业学院与武汉长江鲲鹏生态创新科技有限公司的合作为例，双方共同建立了"鲲鹏产业学院"，旨在培养符合鲲鹏生态体系中技术岗位要求的高素质技能型人才，这显著增强了职业教育对鲲鹏产业快速发展的支撑作用。此外，校企双方还应共建教学研发中心，由学校专业教师与企业专家携手开发课程体系，编纂配套教材，并开发在线教育资源，构建教学资源库。随着企业的持续发展，课程内容须依据企业发展状况不断调整优化，确保线上线下教学资源的时效性与实用性，为学生毕业后顺利融入企业工作环境打下基础，实现教育与企业的共赢。

3. 深化产教融合，加强人才培养质量

深化产教融合，提升人才培养的质量，是当下的关键所在。校企双方在明晰了各自权利与责任后，应着手于人才培养、资金运作、实习岗位、就业安排等多个维度，制定一套完善的规章制度与管理办法。与此同时，引入行业协会进入校企理事会，让其参与产业学院的管理，为产业学院的持续、健康发展保驾护航。

职业院校需加大产业学院的建设力度，展现出与企业合作的满满诚意。要加大对行业内优秀企业的激励政策宣传力度，激发更多企业的合作热情，吸引它们投身到产业学院的建设浪潮中。通过职业院校与企业的共同投资，实训基地与研发实验室得以建立，这不仅降低了双方的运营成本，还提升了资源的利用效率，实现了双赢。

企业可以为学校提供先进的设备与软件资源，让师生接触到行业前

沿；学校则以其强大的科研能力，助力企业的技术创新与研发活动。这种合作模式，让双方的优势得以互补，共同推动了教育与产业的深度融合。以成都工贸职业技术学院与东风悦达起亚的合作为例，双方通过共建实训基地、开展师资培训、开发特色课程，并选拔学生组建"起亚班"，成功培养出了一批具备专业能力的高技能人才，为东风悦达起亚的经销商输送了人才。

在产教融合的推进过程中，校企文化的融合同样不容忽视。双方往往过于关注人才培养的成效与各自利益的实现，忽略了职业院校与企业文化的深远影响。校企双方应秉持开放、包容的文化理念，将企业文化融入日常教学之中，着力培养学生的工匠精神与职业素养。同时，双方应多组织参观学习活动，增进相互了解，寻找更多的合作契合点，让产教融合之路走得更远、更稳。

4. 构建高水平师资队伍，双主体协同育人

在产业学院的建设框架内，教师作为核心要素，对于培养与岗位需求高度契合的技能型人才，以及强化学生的社会服务职能起着至关重要的作用。为此，高等职业院校需推行一项机制，即鼓励并要求教师定期赴企业实践或参与实际项目，以此作为提升教学质量的重要途径。此举措旨在使教师能够紧贴行业动态，掌握最新技术与前沿技能，敏锐捕捉企业及行业发展趋势，进而促进其实践技能的提升与行业认知的深化。同时，为进一步丰富教学资源与提升教学质量，应实施"共享教授"计划。该计划旨在吸纳企业中具有深厚技术背景与管理经验的专业人士，以兼职教授或讲师的身份融入职业教育体系。这些技艺高超、经验丰富且职业素养出众的企业精英，不仅能为人才培养方案的优化提供宝贵建议，还能与校内专任教师携手共担专业课程的教学重任。此类跨领域教师的引入，为学生带来了行业前沿资讯，分享了实战经验与技术攻克策略，有效实现了岗位需求与教学内容的紧密对接，显著增强了教学的实用价值与针对性。以常州铁道高等职业技术学校与中国中车集团的合作为例，双方共同建立了"行业导师库"，将企业的技能人才吸纳为学校的兼职教师，这些行业专家不仅参与日常教学，还以产业教授的身份将企业的最新技术与管理理念引入课堂，极大地丰富了教学内容。值得注意的是，全国人大代表孙景南与全国劳动模范张忠均是该"行业导师库"的重要成员，他们不仅传授专业技能，更注重引导学生理解所学专业对于国家制造业发展的深远意义。

此外，为持续激发教师潜能，保持教学团队的活力，产业学院还需完善教师的评价、聘任与管理机制。具体而言，应建立一套包含职称晋升、薪酬激励在内的多元化奖励体系，以充分调动教师的积极性与主动性。同时，建立定期考核机制，实行灵活的职称聘任制度，如低职高聘、高职低聘等，以此作为推动教师队伍不断自我提升与改革的动力。在产业学院建设的全周期中，应持续提高"双师型"教师队伍的建设标准，确保产业学院维持高质量且稳定的运行状态，为培养更多符合市场需求的高素质技能型人才奠定坚实基础。

三、高职院校产业学院、现代产业学院与农牧电商产业学院的关系

高职院校产业学院，作为高职院校与企业共建的二级学院，是产教融合、校企合作的基本形态，它具备企业和学院双重主体，通过资源共享、优势互补，实现教育链与产业链的精准对接。高职院校产业学院的建设旨在破解高职院校和企业之间由于信息不对称等造成的人才供求不平衡状态，以人才培养引领产业转型升级，同时推动高职院校的教育教学改革。

现代产业学院，是在传统产业学院基础上的新发展，是推动产教深度融合、校企深度合作的新模式和新载体，它是在政府相关政策的直接驱动下产生的，面向产业前沿和前沿产业，由高校（含普通高校和职业高等学校）与行业企业联合设置。现代产业学院不仅具备高职院校产业学院的基本特征，如校企共建、资源共享、优势互补等，更强调组织的混合性、产业的前沿性和专业的交叉性。

农牧电商产业学院，是高职院校产业学院在现代农业与电子商务交叉

领域中的具体实践,它依托高职院校资源，以农牧产业为基础，通过电子商务手段，集教育、科研、孵化、创新创业、产业服务于一体，旨在培养具备农牧产业知识、电子商务技能和市场营销能力的复合型人才

从三者的关系来看，高职院校产业学院是现代产业学院和农牧电商产业学院的基础和前身。高职院校产业学院的建设经验和模式为现代产业学院和农牧电商产业学院的发展提供了有益的借鉴和参考。同时，现代产业学院作为产教融合、校企合作的新模式和新载体，为高职院校产业学院和农牧电商产业学院的发展提供了新的思路和方向。现代产业学院强调组织的混合性、产业的前沿性和专业的交叉性，这要求高职院校产业学院和农牧电商产业学院在建设中更加注重跨界融合、创新驱动和协同发展。农牧电商产业学院则是高职院校产业学院和现代产业学院在特定产业领域中的深化和拓展。它针对农牧电商产业的特殊需求，整合高职院校、企业、行业协会等多种资源，形成了优势互补的办学模式。农牧电商产业学院的建设不仅促进了农牧电商产业的发展，也为高职院校产业学院和现代产业学院在其他产业领域中的拓展提供了有益的借鉴。

第二节　农牧电商及农牧电商产业学院

一、农牧电商的发展探析

农牧电商打破传统经营模式，突破空间和时间限制，有益于农牧民收入和生活水平的提高。高效、便捷的农牧电商是新常态经济条件下电子商务发展的重要环节，因此对于农牧电商模式的研究，从理论和实践层面上来讲都具有重要意义[①]。

---

①蔡佳伟，贺子轩，沈丽，等.新常态下农牧电商发展路径探析[J].中国市场，2018（8）：192.

（一）农牧电商的发展现状

农牧电商作为现代农业与信息技术深度融合的产物，其发展模式多样，主要包括政府扶持电商、加盟连锁电商以及本土电商三大类型。在当前市场环境下，这些模式各自展现出不同的发展态势，面临不同的挑战。

第一，政府扶持电商。政府扶持电商作为政策引导下的特殊形式，多采用直线型组织结构，管理链条短，权责界定清晰，有利于政策的快速传导与执行。然而，这种结构在简化管理的同时，也暴露了信息流通不畅、决策集中度高等问题。鉴于此类电商规模相对较小，人员构成精简，上述问题在实际运营中的负面影响尚有限，但仍需警惕随着规模扩张可能面临的管理瓶颈。

第二，加盟连锁电商。加盟连锁电商以其成熟的运营体系和广泛的网络覆盖著称，多采用职能型组织结构，实现了从采购、销售到管理的全方位专业化分工，这种结构不仅提升了运营效率，还确保了指令的统一与责任的明晰，符合现代企业管理的需求。然而，跨部门沟通不畅、地域文化差异导致的员工融合难题等，成为制约其进一步发展的障碍。部分加盟电商因员工非本地化，对当地农牧产品特性及市场需求了解不够，影响了销售策略的有效制订与执行。

第三，本土电商。从发展潜力来看，本土电商与政府扶持电商面临诸多内在限制，如管理模式传统、专业人才匮乏、创新动力不足等，导致其成长步伐缓慢，甚至部分电商过度依赖政策扶持，缺乏自我造血能力。相比之下，加盟连锁电商凭借其完善的运营机制、丰富的行业经验及较强的品牌效应，展现出强劲的增长势头和广阔的发展空间，这类电商通过不断优化供应链管理、强化品牌建设、持续开拓市场，逐步成为推动农牧电商行业升级的主力军。

（二）农牧电商发展的优势

在数字化转型的大潮中，农牧电商作为新兴业态，不仅承载着传统农牧业转型升级的重任，更以其独特的优势成为推动区域经济发展的新引擎。下文从多元化资源整合与技术创新驱动两大维度，深入探讨农牧电商发展的显著优势。

1. 多元化资源整合——打通产供销全链条

农牧电商通过高效整合产业链上下游资源，实现了从生产源头到消费终端的无缝对接，极大地提升了农牧产品的流通效率和附加值。在供应端，依托农牧地区丰富的自然资源与扎实的农牧产业基础，电商平台能够直接链接农户与牧场，确保产品供应的稳定性和品质的优越性。此外，电商平台通过大数据分析市场需求，指导农户调整种植养殖结构，实现定制化生产，有效避免了供需错配，降低了市场风险。

在物流配送方面，农牧电商积极构建冷链物流体系，利用现代物流技术解决农牧产品保鲜难、运输远的问题。通过与第三方物流合作或自建物流体系，采用智能温控、追踪技术，确保新鲜产品直达消费者手中，拓宽了农牧产品的销售半径，提升了市场竞争力。

2. 技术创新驱动——赋能产业升级与模式创新

技术创新是农牧电商持续发展的核心驱动力。首先，智能化技术的应用提升了农牧业生产管理的精细化水平。例如，将物联网技术应用于牧场管理中，可以实时监测动物健康状况、环境参数等，实现精准饲养和疾病预防；智能农业系统能通过土壤湿度、光照强度等数据分析，指导作物灌溉、施肥，提高产量和质量。其次，区块链技术的引入，为农牧产品的溯源体系提供了技术支持，增强了消费者信任。区块链具有不可篡改的特性，因此，每一份农牧产品都能追溯到生产源头，确保食品安全，提升品牌价值。此外，人工智能和大数据技术在需求预测、库存管理、个性化推荐等方面的应用，进一步优化了电商运营效率，提升了用户体验。最后，技术创新还促进了农牧电商模式的不断创新。例如，消费者直达制造商（C2M）模式的兴起，使消费者可以直接参与到产品设计、生产过程中，满足其个性化、定制化需求，实现了生产与消费的深度互动。这种模式的创新，不仅提升了产品附加值，也促进了农牧业供应链的深度整合与优化。

二、农牧电商产业学院及其运行机制探索

（一）农牧电商产业学院的认知

农牧电商产业学院是依托高职院校资源，以农牧产业为基础，通过电子商务手段，集教育、科研、孵化、创新创业、产业服务于一体的综合性教育机构。其核心目标在于培养具备农牧产业知识、电子商务技能和市场营销能力的复合型人才，以满足农牧电商产业对高素质技术技能人才的需求。这一教育模式的创新之处在于，它将教育与产业、电子商务与农牧业进行跨界融合，实现了教育链与产业链的深度对接。

农牧电商产业学院在运行过程中，注重理论与实践的有机结合。一方面，学院根据市场需求和行业特点，制订科学、合理的教学计划，设置符合实际需要和具有前瞻性的课程，如农牧产业概论、电商运营基础、网络营销、农产品电商实务等，以构建以农牧产业知识和电商运营技能为主线的课程体系。另一方面，学院加强校内外实践基地建设，与农牧电商企业合作开展实践教学，引入行业专家和骨干参与实践教学，以提升学生的实际操作能力和职业素养。

此外，农牧电商产业学院还积极探索校企合作与协同育人的新模式。通过与农牧电商企业的深度合作，共同制订人才培养方案，实现人才培养与社会需求的有效对接。同时，鼓励企业参与人才培养过程，与学校共同培养符合市场需求的高素质人才。这种合作模式不仅有助于提升学生的就业竞争力，还有助于推动农牧电商产业的持续健康发展。

（二）农牧电商产业学院的运行机制探索

在农牧电商产业蓬勃发展的背景下，农牧电商产业学院作为连接教育与产业的重要桥梁，其运行机制的构建显得尤为重要。一个高效、协同、开放的运行机制，不仅能够促进教育资源的优化配置，还能加速科技成果的转化应用，为农牧电商产业的持续发展提供强大动力。农牧电商产业学

院的运行机制，应以四个机制为基础。

第一，构建多主体协同治理机制。在产业学院的管理与决策过程中，应提升政府、企业、行业协会与高校的参与积极性，充分采纳政府、企业、行业协会及高校等多方主体的意见。政府作为政策制定者和监管者，需为产业学院提供政策支持和法律保障；企业凭借其在市场中的实践经验，为学院提供行业前沿信息和实战案例；行业协会作为行业自律组织，能够协调各方利益，促进资源共享；高校则是人才培养和科研创新的主要阵地。通过建立多方参与的治理机制，可以确保决策的科学性和有效性，同时增强各主体之间的信任与合作，为产业学院的健康发展奠定基础。

第二，建设开放包容的文化建设机制。产业学院应秉持开放办学的理念，积极引进国内外先进的教育理念和教学资源，鼓励师生与国际接轨，拓宽国际视野。同时，学院应营造包容创新的氛围，鼓励师生敢于尝试、勇于探索，对失败持宽容态度，将失败视为创新过程中的宝贵经验。此外，学院还应加强与社会的互动交流，通过举办论坛、讲座、展览等活动，搭建产学研用交流平台，促进知识、技术、信息的自由流动和共享。

第三，建立双向流动的师资培养机制。产业学院应打破传统高校师资队伍的封闭性，实现师资在高校与企业之间的双向流动。一方面，鼓励高校教师深入企业一线，参与企业项目研发、技术咨询等活动，提升其实践能力和行业认知；另一方面，邀请企业专家、行业领军人物担任客座教授或实践导师，将其丰富的实战经验带入课堂，增强学生的实践能力和就业竞争力。这种双向流动的师资培养机制，有利于打造一支既懂理论又善实践的师资队伍，为产业学院的教学质量提供有力保障。

第四，构建基于大数据的联合评价机制。产业学院应充分利用大数据技术的优势，建立涵盖教学质量、科研成果、社会服务等维度的评价体系。通过收集和分析师生在教学、科研、实践等过程中的数据，客观、全面地评价师生的表现和发展潜力。同时，产业学院还可以与企业、行业协会等合作方共享评价数据，共同制订评价标准和方法，实现评价结果的互认和共享。这种基于大数据的联合评价机制不仅能够提高评价的准确性和公正性，还能促进产业学院与各方合作伙伴之间的深度合作和共同发展。

三、农牧电商产业学院数字化复合型人才培养

农村牧区要优先发展，就必须大力推动乡村振兴，加快农牧产业数字化转型，实施"互联网+"农畜产品出村进城工程，为农牧电商产业发展带来机遇[①]。而复合型人才缺乏是农牧业数字化转型最大的瓶颈，相对滞后的数字技能培育体系制约了农牧业的高质量发展。

（一）农牧电商产业学院数字化复合型人才培养的特征

随着数字经济的蓬勃兴起，农牧电商作为连接农业生产与市场需求的关键桥梁，其发展模式与人才需求正经历着前所未有的变革。下文基于对内蒙古巴彦淖尔市、乌兰察布市等地农牧电商发展的深入考察，结合国内外数字乡村建设的前沿报告，探讨农牧电商产业学院在培养数字化复合型人才时所应聚焦的四大核心特征，以期为行业输送符合时代需求的高素质人才。

1. 融合性的知识体系构建——跨学科教育的必然选择

在数字经济时代，农牧电商领域不再局限于传统的商贸管理，而是深度融合了信息技术、数据分析、智能物流等多个维度。因此，农牧电商产业学院在人才培养上需强调知识体系的融合性，即学生不仅要精通农牧产品的特性、市场趋势及电商运营策略，更要掌握数字媒体技术、人工智能算法、大数据分析等现代信息技术，这要求学院打破传统学科壁垒，实施跨学科的课程设计，如开设"农牧产品数字化营销""智能供应链优化"等交叉学科课程，促进学生形成既宽又深的知识结构，为成为数字化复合型人才奠定坚实的基础。

2. 数据驱动的决策与创新思维——优化资源配置的关键

农牧电商产业学院应着重培养学生的数据驱动决策能力，使他们能够

[①] 陈杰. 数字经济背景下农牧电商产业学院数字化复合型人才培养新路径[J]. 营销界，2022（19）：161.

熟练运用大数据分析工具，如Python编程、数据挖掘软件等，对市场动态、消费者行为进行精准分析，从而指导产品开发、营销策略的制定与优化。同时，鼓励学生参与创新项目，如基于数据分析的精准营销方案设计、智能化仓储物流系统开发等，以实践促进理论知识的内化，培养其创新意识和解决实际问题的能力。

3.深度数据分析能力——管理与技术并重的核心竞争力

农牧电商产业学院须强化学生在数据分析领域的专业技能，不仅限于数据收集与处理，更重要的是培养他们对数据的深度解读能力，以及将数据分析结果转化为管理决策的能力。学院可通过建立校企合作平台，让学生参与到企业的真实数据分析项目中，如销售预测、客户细分、成本控制等，使其在实战中提升数据分析的敏锐度和准确性，成为既懂业务又懂技术的复合型人才。

4.全媒体营销策略与实战技能——适应多元化市场环境的必备条件

随着新媒体平台的不断涌现，农牧电商的营销渠道日益多元化、碎片化。农牧电商产业学院须紧跟这一趋势，开设全媒体营销课程，涵盖社交媒体营销、内容营销、直播带货、短视频制作等多个方面，使学生能够熟练运用各类新媒体工具，构建线上线下相结合的营销体系。同时，学院应鼓励学生参与实战演练，如组织电商创新创业大赛、直播带货实践活动等，让学生在实践中学习如何捕捉市场热点、创造传播价值，有效提升其在复杂市场环境下的营销策划与执行能力。

（二）农牧电商产业学院数字化复合型人才培养的路径

1.明确培养目标，聚焦数字化复合型人才培养定位

在农牧电商产业学院的构建与发展中，首要任务是明确培养目标。应精准聚焦于数字化复合型人才的培养。此类人才不仅需要掌握扎实的农牧业基础知识与电子商务技能，还需具备新媒体运用、数据分析、创新及跨文化交流等多方面的能力。学院应以立德树人为根本，将工匠精神与创新创业精神深度融入人才培养的全过程，致力于培养能够适应数字经济时代农牧电商行业快速发展需求，具备"电子商务+新媒体"生态圈视野，能够胜任多元化职业岗位群挑战的复合型技能人才。具体而言，这些人才应能够熟练运用网络营销、内容策划、视频制作、直播商务、运营管理及供应链管理等技术，成为推动农牧电商产业升级与数字化转型的关键力量。

2. 深化产学研用融合，构建多元协同育人机制

为了实现数字化复合型人才培养的目标，农牧电商产业学院需深化产学研用融合，构建多元主体协同参与的育人机制，这要求学院不仅要与各县（旗、区）政府、电商行业协会、平台电商企业、电子商务产业园等紧密合作，还要引入直播多频道网络（MCN）机构、物流企业及农牧产品加工企业等多方资源，形成资源共享、优势互补的产教融合生态。通过实施"引产入教、引企入校"策略，将真实的工作场景、项目任务及商业案例融入教学过程，建立"项目驱动、能力递进、逐级晋级"的实践教学体系。同时，学院应与企业共同开发创新创业课程，共建共享教学资源库，让学生在实践中学习、在学习中创新，有效提升学生的职业素养、专业技能及创新创业能力，实现产业链、岗位链、人才链与创新创业链的深度融合与贯通。

3. 优化治理体系，保障协同育人高效运行

农牧电商产业学院的治理体系是确保协同育人模式高效运行的关键。学院应探索建立以培养数字化复合型人才为导向的多元主体共治结构，以学院章程为核心，构建包含政府、学校、行业、企业等多方力量的基层组织，明确各方权责，形成共治共享的新格局。同时，学院需建立健全制度体系，如下放更多管理权限给产业学院，增强其自主性与灵活性；争取政府乡村振兴政策的支持，探索混合所有制办学模式，推动实训基地向培训学院转型。通过组建由政、行、企、校四方代表构成的产业学院理事会，选举产生院长，并负责整合资源、落实人才培养质量制度，形成企业主导、院长负责、专家治学、多元评价的治理体系。此外，聘请企业领军人物和能工巧匠担任执行副院长，深度参与学院管理与教学，以市场需求为导向，不断提升学生的就业竞争力和创新能力。

4. 创新教学模式，实现专创融合与四链贯通

农牧电商产业学院应围绕区域经济发展需求，创新教学模式，构建"专创融合、四链贯通、协同育人"的人才培养体系。首先，基于企业实际运营流程，将创新创业能力培养融入专业教学之中，实现专业知识与创业实践的深度融合；其次，通过产教融合，促进教育链、人才链与产业链、创新链的有机衔接，推动多元主体间的资源要素高效流动与整合；再次，政府发挥政策引导作用，行业协会制定行业标准，学校依据标准调整教学内容，企业深度参与教学过程，形成政府引导、行业规范、校企合作的良性互动机制；最后，依托电子商务专业群，优化人才培养方案与课程体系，使学生不仅掌握农牧电商专业知识与媒体内容制作技能，还具备创新创业能力和必要的职业素养，成为既懂运营又懂内容、既懂技术又懂市场的数字化复合型人才。

5. 搭建技术技能创新平台，强化产业服务能力

技术技能创新平台是农牧电商产业学院提升产业服务能力、深化产教融合的重要载体。学院应紧密结合区域经济和农牧电商产业发展需求，构建集"产、学、研、创"于一体的"农牧电商+新媒体"内容工厂和协同创新中心。该中心应具备协同育人、协同科研、协同社会服务及协同创新创业等多重功能，通过与国家级电商产业园、行业协会及内蒙古数创基地等深度合作，推动产业链上下游企业的紧密合作，促进技术创新与成果转化。同时，该中心应成为数字化复合型人才培养的摇篮，通过项目驱动、团队协作等方式，提升学生的实践能力与创新能力，增强其对农牧电商行业发展的贡献度。此外，学院还应利用平台优势，加强与社会各界的交流合作，拓展服务领域，提升服务品质，进一步增强对区域经济增长的辐射带动作用，实现教育与产业的深度融合与协同发展。

第三章　三方协同合作模式探究

随着知识经济时代的到来，政校企三方协同合作模式已成为促进教育链、人才链与产业链深度融合的重要途径。本章先梳理多元合作的相关理论，包括资源依赖、三螺旋、协同及演化博弈等理论，为理解政校企合作的本质与动因奠定基础。然后深入探究三方协同建设产业学院的内在逻辑、面临的主要问题及相应的有效策略，旨在为构建高效协同的创新教育体系提供理论支撑与实践指南。

第一节　多元合作的相关理论

一、资源依赖理论

资源依赖理论并非孤立地考察单个组织的运作，而是将组织置于更广阔的社会网络环境之中，探讨其如何与周围环境中的其他组织建立联系，以获取生存和发展所需的关键资源。资源依赖理论的核心在于揭示组织对外部资源的依赖性，以及这种依赖性如何影响组织的战略选择和行为模式。组织在不同的发展阶段，对特定资源的需求会有所不同，而资源的稀缺性、不可替代性以及获取成本等因素，决定了组织在资源市场上的议价能力和竞争优势。因此，组织必须不断地评估自身对外部资源的依赖程度，以及这种依赖可能带来的风险和机遇，从而制定相应的策略来管理和优化这种依赖关系。在资源依赖的框架下，组织间的合作关系被视为一种重要的战略选择。通过与其他组织建立合作关系，组织可以获取自身无法独立获取或获取成本过高的资源，从而实现资源的互补和共享。这种合作不仅限于物质资源的交换，还包括信息、知识、技术、市场渠道等非物质资源的共享。合作关系的建立和维护，需要组织具备识别潜在合作伙伴的能力、谈判和协商的技巧，以及管理和维护合作关系的经验。

资源依赖理论为多元合作提供了理论基础：首先，资源依赖理论强调组织间相互依赖的重要性，提醒我们在研究组织行为时，不能忽视其与社会环境的互动关系；其次，资源依赖理论揭示组织在资源获取过程中的策略性行为，如寻求合作伙伴、建立联盟、进行并购等，这些都是组织为了降低对外部资源的依赖风险、提升自身竞争力而采取的有效手段；最后，资源依赖理论强调组织在合作过程中的学习和适应能力，即组织需要不断地从合作中学习新知识、新技能，以适应不断变化的市场环境和技术条件。在企业管理实践中，它可以帮助企业识别自身的资源缺口和潜在的合作机会，从而制订更加科学合理的战略规划。在公共政策领域，它可以指导政府优化资源配置，促进不同行业、不同地区之间的协同发展。在教育、科研等非营利组织领域，它可以为组织间的合作与交流提供理论支撑和实践指导。

二、三螺旋理论

三螺旋理论是科技创新领域中的一种重要理论框架，它提出产业、高校和政府之间相互作用的三维关系，形成一种协同推动科技发展的动态模式。"通常情况下，三螺旋理论是指政府、企业、高校之间形成一种彼此扶持的互动关系，这三大组成部分相互作用、彼此重叠，形成交叉，在交叉区域内需要政府、企业、高校三者一起发力来推动其发展。"[①]三螺旋理论主要包括以下三方面。一是企业螺旋。企业螺旋是指企业和产业部门在科技创新中的作用。在企业螺旋中，企业通过技术研发和市场推广促进产

[①] 李明慧. 大学生创新创业理论与技能指导[M]. 成都：四川大学出版社，2021：70.

业的发展，而产业的发展又为企业提供更多的创新机会，这种相互促进的关系形成了产业创新的螺旋上升。二是高校螺旋。高校螺旋强调大学在科技创新中的角色。高校作为知识的创造和传播中心，通过教育培养大量的科技人才，并通过科研活动为产业提供前沿技术支持。同时，产业界的需求也反过来影响高校的研究方向，形成高校与产业之间的动态互动。三是政府螺旋。政府螺旋强调政府在科技创新中的引导和支持作用。政府通过制定政策、提供资金和优化法规环境，推动产业和高校的合作，促进科技成果的转化和应用。政府在三螺旋中扮演着协调和激励的角色，推动整个创新体系向更高的质量发展。

三、协同理论

协同理论的核心在于揭示各类复杂系统由无序状态向有序状态转变过程中的普遍规律与相似性机制。协同理论不仅关注系统内部各子系统或组成部分间的动态交互，更强调它们为实现系统整体发展目标而展现出的高度协同性，这是一种基于相互配合、协作与支持的状态，是系统自组织性和合作共生理念的深刻体现。协同理论并非简单地将各子系统视为孤立存在的个体，而是强调在特定时空条件下，各参与方以平等的地位参与其中，每一部分都是不可或缺的元素。这种同心协力、相互依存的关系，超越了传统意义上"部分之和等于整体"的线性思维，转而探讨如何通过子系统间的非线性相互作用，催生出全新的系统结构与功能，这些结构与功能往往是单一子系统所无法具备的。

协同效应作为协同行为的直接产物，是系统整体效能超越各子系统单独运作时总和的额外价值体现。协同效应不仅彰显了资源整合与优化配置的巨大潜力，还深刻揭示了系统演化过程中的非加和性特征，即整体大于部分之和的非线性效应。协同效应的实现，依赖于子系统间的有效沟通、信息共享、资源互补以及目标一致性，这些因素共同作用，促进了系统整体性能的跃升。

协同理论的应用范畴广泛渗透于自然科学与社会科学的诸多领域，如在物理学中的相变现象、化学中的反应动力学、生物学中的种群共生、经济学中的产业集聚、社会学中的社会网络分析等领域中，均可见其影踪。协同理论为理解复杂系统的自组织机制、预测系统演化趋势、设计高效合作架构提供了理论支撑，它鼓励人们跳出传统还原论的局限，从系统的整体性和动态性出发，探索子系统间协同作用的深层次规律，以及这些规律如何影响系统的结构、功能和行为。

四、演化博弈理论

演化博弈理论不仅揭示了生物种群间竞争与合作的动态平衡，同样为理解社会组织、企业联盟乃至国际关系中合作模式的形成与演变提供了强有力的支撑。演化博弈理论的核心在于将博弈论中的策略互动与生物学中的自然选择相结合，强调策略随时间演化的过程。在这一框架下，个体或组织被视为有限的理性决策者，它们根据当前的策略环境，通过试错、模仿或学习来调整自身的行为策略。这种策略调整不是静态的，而是随着环境的改变和其他参与者策略的改变而动态演化的。重要的是，这种演化不仅发生在个体层面，也体现在群体层面，从而形成了一种集体行为的模式。

演化博弈理论深刻揭示了合作与竞争之间的微妙平衡。在资源有限、利益冲突不断的环境中，合作往往能够带来集体利益的最大化，但个体为了追求自身利益最大化，又可能倾向于采取背叛或自私的策略。然而，通过长期的演化过程，某些能够促进合作的机制，如互惠互利、声誉效应、惩罚机制等，逐渐演化出来并稳定下来，成为促进合作的重要因素。这些机制的存在，使合作行为在某些条件下比单纯的竞争行为更具优势，从而促进了合作的涌现和维持。

在多元合作的语境下，演化博弈理论为我们提供了一种理解合作网络形成和演化的新视角。不同组织或个体在追求自身利益的同时，也在不断地与其他参与者进行策略互动，这种互动过程不仅影响着个体的策略选择，也塑造着整个合作网络的结构和动态。通过演化博弈的视角，我们可以更深入地理解为何某些合作模式能够稳定存在，而另一些逐渐消失；为何在某些情境下，合作能够自发形成并持续下去，而在其他情境下却难以维持。

第二节　三方协同建设产业学院的逻辑、问题与策略

政校企是现代产业学院协同建设的基本主体，现代产业学院可以助推产业链价值水平提升、助推科技金融深度融合、助推学生高质量就业创业与助推职业教育品牌提升①。借助多元主体协同理论，探索三方协同建设产业学院的逻辑、存在的问题以及行动策略，对推动现代产业学院科学有序的建设具有重要的现实意义。

一、三方协同建设产业学院的逻辑

现代产业学院建设需要政三方同治理，各主体应各司其职、相互协同，形成优势互补，以一定的方式参与、支持和配合现代产业学院建设，在不同阶段发挥不同的地位、角色和功能，实现现代产业学院的建设目标。

三方协同是推动现代产业学院综合性改革进程的重要因素，此合作模式的构建，本质上是一项需综合运用全局视角、系统规划与深度整合的复杂工程。多元协同理论强调以一种综合性的分析路径，全面剖析现代产业学院面临的挑战与机遇，深刻理解其内外部动力机制及运行规律，旨在将产业学院的发展轨迹与职业教育的宏观趋势、经济社会的微观变迁紧密结合。在教育实践层面，政校企三方需紧密协作，共同构筑教育资源平台、优化师资配置、创新人才培养路径、革新教学模式，并积极推行现代学徒

---

① 苏新留，曹留成. 政校企协同建设现代产业学院的逻辑、问题与策略[J]. 教育与职业，2023（12）：50.

制，以期实现教育资源与育人效能的最大化融合。此过程不仅关乎教育质量的提升，更是对整体教育生态的重塑。同时，三方协同机制为职业教育搭建起一座连接社会需求与人才培养的桥梁。为确保这一机制的高效运行，必须建立健全的管理体系、完善的治理架构，并有效调和各方利益诉求，这是协同行动得以持续深化、整体治理效能得以充分发挥的基石。

三方协同是打破现代产业学院建设碎片化困境的重要驱动力。长期以来，职业教育体系内存在界限分明、孤立运作等结构性不足，阻碍了现代产业学院的开放融合与互动发展。依据多元主体协同理论，政校企三方须秉持动态开放、互利共赢的思维，共同探索与实践现代产业学院的创新建设路径，促进其持续动态地演进与优化。针对教育资源分散、师资队伍结构失衡及教学模式陈旧等关键问题，三方协同要求各方采取具有前瞻性的策略，通过资源共享、师资互聘、模式创新等手段，有效破解协同育人过程中的瓶颈。同时，面对管理体制不健全、治理责任模糊及利益分配不公等深层次挑战，协同框架下的针对性策略显得尤为重要，包括构建科学合理的治理体系、明确各方权责边界、建立公平透明的利益协调机制，从而为现代产业学院的协同治理难题提供系统性解决方案。

三方协同是共建共享现代产业学院资源的重要手段，政校企三方的紧密协同与深度合作，不仅能够有效破解资源分配不均、利用效率低下等难题，还能推动现代产业学院资源的优化配置与高效利用，为职业教育的创新发展与社会经济的持续进步奠定坚实的基础。具体而言，政府应强化其政策引导与监管职能，为现代产业学院的发展提供制度保障；职业院校需聚焦教育教学的核心任务，不断提升所培养人才的质量与社会适应性；行业企业应积极参与实践教学环节，将行业前沿知识与技术融入教育体系。同时，针对政府部门间协调不畅、职业院校技能训练资源匮乏及行业企业参与积极性不足等现实问题，协同机制要求各方通过深度沟通与协作，共同寻求解决方案，实现资源共享、优势互补、共同发展。

三方协同是现代产业学院建设整体螺旋式发展的重要抓手，随着各参与主体角色、价值及功能的持续优化与重构，现代产业学院正逐步展现出前所未有的结构特征与内涵特质。多元主体协同理论要求以一种非还原性的思维视角，深刻理解并尊重政校企各方在地位、角色及功能定位上的动态调整与优化过程，避免以单一标准或固化模式对其进行机械式的管理与评价。在此过程中，需对现代产业学院所面临的机遇与挑战进行精准识别与深入分析，据此不断调整并优化各主体在职业教育体系中的定位、角色与功能，同时革新管理与评价机制，以确保其适应性与灵活性。此外，鉴于现代产业学院在不同发展阶段所呈现出的差异化需求与特征，协同机制强调应因时制宜、因地制宜、因势利导，灵活调整并优化建设策略，确保其既具有前瞻性又具备实效性，从而有力推动现代产业学院沿着螺旋式上升的轨迹持续健康发展。

二、三方协同建设产业学院存在的问题

在全国上下共建现代产业学院的热潮下，现代产业学院建设已经由高等教育领域拓展到高等职业教育领域，从本科层次拓展到专科层次，从自发性协同建设阶段发展到政府专项计划支持阶段，社会效益日益显著。政校企各主体在协同建设的同时，应保持理性，直面和省思存在的问题。

三方协同建设产业学院存在的首要问题在于协同建设意识的普遍缺失。一些职业院校未能充分把握通过此类合作共享高端沟通平台、丰富教学资源及拓展发展空间的可能性。政府部门在认识上也可能存在局限，未能充分意识到通过人才、科技与教育的深度融合驱动地方经济发展的巨大潜力。这种意识上的不足，直接导致协同建设现代产业学院的内生动力不足。在政策推动、政府组织及经费投入的外部刺激下，部分建设单位可能急于求成，缺乏深入论证与长远规划，导致项目立项后发展迟缓。此外，部分现代产业学院在章程制定上有所缺失，使得分工不明、责任不清，进一步加剧了责权利割裂、工作推进困难的问题。

协同建设资源与能力的欠缺是三方协同建设产业学院会遇到的问题。部分现代产业学院在专业设置上表现出结构失衡、同质化严重，以及与产

业发展脱节的问题。专业设置的盲目性与随意性，导致部分专业人才供过于求，而另一些关键领域人才紧缺。在课程开发方面，校企合作开发的高质量教材与案例库数量有限，具备生产、教学、研发及创新创业功能的实训基地数量不足，难以紧跟产业发展前沿，难以满足产业创新需求。同时，教师队伍的协同建设也被忽视，"双师双能型"教师匮乏，教师参与企业实践的机会有限，企业能工巧匠参与教学的比例较低，导致双导师制形同虚设，教学效果大打折扣。

影响三方协同建设产业学院人才培养质量的一个因素是协同育人水平低。尽管校企联合招生、共同制定培养方案、订单式课程设置与教学实施等模式在理论上具有吸引力，但在实际操作中往往流于形式。育人责任更多地落在学校一方，而行业企业的参与度与责任感不足，合作协议往往停留在纸面上，未能有效落实。职业院校在教学模式上倾向于传统的理论教学，忽视了实践教学与实习治理的重要性，导致学生的技能水平难以真正提升。此外，部分行业企业在学徒管理上存在问题，如将学生视为廉价劳动力，忽视其工匠精神的培养与技能训练，甚至可能安排的工作环境会危害学生健康与安全，这些均严重制约了学徒制的有效推广与实施。

协同治理质量低是制约现代产业学院持续发展的一个障碍。尽管国家层面已出台一系列旨在促进三方协同治理的政策，但在实际操作中，部分地方政府在指导监督、协调多方利益冲突等方面的作用发挥不够，部分行业企业在牵头制定职业能力标准、合作开发项目等方面的参与度不高，部分职业院校在组建育人共同体、推动协同治理方面的主动性不足。这些因素共同导致了政校企之间"合而不融"的现象频发，政府政策引领力不足，行业企业共建共享师资与实践教学场地的意愿低，各成员单位的利益难以得到有效保障，进而削弱了三方协同的整体能力与效果。

三、三方协同建设产业学院的行动策略

为助推产业链价值水平提升、促进学生高质量就业创业与赋能职业教

育品牌创建，政校企应在共建、共管、共享现代产业学院进程中积极探索主体协同管理机制、资源建设协同方式、人才培养协同模式和治理保障协同机制，构建教育与产业、教学过程与生产过程、社会发展与学生发展等之间更加顺畅的融通体系。

（一）健全多元主体协同管理的机制

明确协同建设的使命与目标，是奠定多元主体协同管理机制基础的首要步骤。现代产业学院的使命可概括为"三基"职能：合作育人、联合创新与利益共生。首先，育人是现代产业学院的根本任务，不仅要培养符合产业需求的高素质人才，还需探索并实践高效的育人模式，确保人才培养供应链与产业链的无缝对接，实现教育要素与生产要素的深度融合；其次，现代产业学院应成为产业技术革新的重要推手，通过整合各成员单位的研发力量，聚焦区域产业发展的关键技术难题，开展联合攻关，产出具有突破性、领先性且拥有自主知识产权的科技创新成果，为产业转型升级提供强大动力；最后，学院还需在价值创造与分配中发挥关键作用，通过协调政校企间的利益冲突，确保地方经济发展、人才培养质量提升及企业招聘合格人才等核心利益得到有效保障，实现利益共生与共赢。

在明确使命的基础上，健全现代产业学院协同管理机制需从多个维度入手。一是管理机制的多元化探索。根据实际情况，可灵活选择政府主导、职业院校主导或行业企业主导的管理模式，并在二级学院型、合作办学型、独立学院型等多种类型中积极探索，形成适应自身发展的管理架构。现代产业学院作为协同建设的核心载体，应承担起主导、协调与评估的职责，有效整合各方资源，提供平台服务，孵化创新项目，并进行绩效评价。二是强化合作动力机制。行业企业应充分认识到参与现代产业学院建设对于分担产品开发成本、分散技术创新风险及共享优质知识资源的重要性；职业院校应珍惜共享沟通平台、丰富教学资源及拓展发展空间的机会；政府部门需增强责任担当意识，为协同建设提供有力支持。通过建立健全合作动力机制，激发各主体的参与热情与积极性。三是完善治理结构与规章制度。依据相关法律法规和政策要求，制订理事会章程，明确政校企各主体的职能分工、责任划分及任务要求，确保责任到人。同时，优化协同沟通工作机制，赋予理事会、管委会必要的权力与资源，定期召开会议研究学院工作，及时解决遇到的问题与困难。四是构建成果共享机制。现代产业学院不仅是合作创新的平台，更是产教融合、科教融汇成果共享的重要载体。政校企三方虽利益诉求各异，但对产教融合和科教融汇产出成果的价值追求是一致的，即实现共赢。因此，应秉持公平分配、利益共享的原则，完善成果共享机制，确保各主体都能从协同建设中获得实在的利益与回报。

（二）协同建设产业学院的教育资源

在三方协同建设产业学院的过程中，教育资源的协同构建是提升学院整体实力与人才培养质量的重要环节。教育资源的高效整合与优化，不仅关乎专业建设的深度与广度，更直接影响到教学资源的丰富性与实用性，以及教师队伍的素质与结构。因此，从专业建设、教学资源开发到教师队伍构建，每一环节都需政校企三方紧密合作，共同推进。

专业建设的质量直接关系到产业学院的人才培养方向与效果。首先，专业建设需紧密对接产业转型升级的需求，聚焦信息技术、科技发展趋势以及社会服务的重点领域，如现代农业、智能制造、生物医药、新材料等战略性新兴产业，以及家政、健康、养老等民生服务业，通过增设或优化相关专业，推动专业服务产业升级，满足社会对高素质技术技能人才的需求；其次，专业建设应充分考虑学校与区域的特色优势，围绕国家、地方及学校的战略定位，打造"强、优、精、特"的专业体系，促进专业集群式发展，形成特色鲜明的专业品牌；最后，以专业认证为引领，通过对照专业办学定位与社会需求的适应度、培养目标与效果的达成度等标准，重构"产出导向"的教学体系，强化课堂教学质量，优化师资队伍结构，深化协同育人机制，不断提升专业建设的内涵与外延。

教学资源的开发与利用需充分体现职业特色与产业需求。一方面，政校企应协同构建能够及时响应产业发展需求的课程体系，通过深入研究行业标准、生产流程与项目开发需求，共同设计课程内容，确保课程内容的时效性与实用性；另一方面，政校企应共同开发新形态高质量教材、案例库与案例集，如"活页式""工作手册式""融媒体"等教材，注重教材的科学性、实践性与创新性，拉近学生课堂所学知识与岗位所需知识和技能的距离，为学生提供更加丰富、生动的学习体验。同时，基于产业发展和创新需求，共建实践教学与实训实习环境，利用企业研发平台、生产基地等优质资源，打造集生产、教学、研发、创新创业于一体的多功能实践基地，实现资源的集约共享与高效利用。

教师素质与能力的提升直接关系到人才培养的质量与效果，因此，一方面应积极探索企业人才来校工作机制，鼓励企业技术与管理人才到职业院校任教，特别是技能大师、劳动模范等高技能人才，通过设立工作室、参与教学等方式，将产业前沿知识与技术带入课堂。同时，职业院校在招聘新教师时，应注重引进具有行业企业工作经历的专业技术人员与技能人才，丰富教师队伍的实践经验。另一方面，应建立健全学校教师入企实践机制，支持在职教师定期到企业实践锻炼，开发实践标准，设计实践项目管理方案，促进实践成果的教学转化。此外，现代产业学院应成为"双师双能型"教师的培养培训基地，通过师资交流、研讨、培训等活动，提升教师的专业素养与实践能力。政府层面也应出台相关政策，打破教师编制与用工制度的束缚，明确校企教师的招聘、管理、使用与薪酬等制度，促进校企教师的双向流动与职业发展。

综上所述，三方协同建设产业学院的教育资源是一项系统工程，需要三方主体在专业建设、教学资源开发与教师队伍构建等方面展开深度合作，共同发力。通过明确协同目标、健全协同机制、强化协同效果，不断优化教育资源配置，提升教育资源的使用效率与效益，为产业学院的高质量发展提供支撑与保障。

（三）协同培养产业学院的技能人才

在三方协同建设产业学院的过程中，技能人才的培养是重要的任务。为了实现高端技能人才的有效培养，必须在国家教学标准的引领下，动员多元主体共同参与人才培养方案的制定与实施，以确保人才培养的质量与社会需求的精准对接。职业教育人才培养方案，作为教学活动的根本依据，其科学性、适应性和可操作性至关重要。因此，行业企业专家、教科研人员、一线教师及毕业生等多方力量的协同参与显得尤为关键。他们通过对经济社会转型趋势、劳动力市场需求的深入调研，以及对行业企业用人标准的准确把握，共同制订既符合国家教育方针，又紧密贴合产业需求的人才培养方案。这一方案不仅强调技术技能的精进，更注重培养学生的劳模精神、劳动精神、工匠精神，以及精操作、懂工艺、会管理、善协作、能创新的综合素质，引导学生形成"干一行、爱一行、精一行"的职业态度。

为确保人才培养方案的顺利实施与培养目标的达成，聚焦能力培养、改进合作教学模式成为关键。首先，在教学信息化方面，教师应紧跟现代技术发展的步伐，充分利用多媒体教学、虚拟现实教学、网络教学等先进手段，为学生构建一个智能化、互动化的学习环境，提升教学效果与学习体验；其次，在理论课堂教学模式的改进上，采用启发式、探究式、讨论式等教学方法，增进师生间的互动与交流，通过多媒体、板书、图表、动画、情境展示等多种方式呈现教学内容，激发学生的学习兴趣与主动性。同时，教师的身体语言、表情、动作等也应成为反馈学生学习情况的重要途径，实现师生多感官的协同参与，缩短理论与实践的距离。

在实践教学模式的革新上，应着重解决实践教学学时不足、内容单一的问题。通过增加综合型、设计性实践教学的比重，提升学生对产业实际的认知与理解。推广问题式、任务式、项目式等实践教学模式，特别是基于真实生产线环境的浸润式实景、实操、实地教学，对于提高学生的实践能力具有不可替代的作用。此外，毕业设计和课程设计应紧密围绕行业企业的真实项目、产品设计等实践环节展开，以提升学生的问题解决能力与创新能力。

技能型人才的培养是一个涉及学校与企业两大场域、多方主体协同合作的复杂过程。现代学徒制作为技能型人才培养模式的创新，通过校企合作、双导师制的实施，为学生提供了更贴近产业实际的学习路径。为进一步完善这一模式，政府应出台相关政策规定，明确政府、学校、企业的责任与义务，保障学徒的合法权益，避免学生从事高强度体力劳动或有害身心健康的实习活动，同时加强对中介机构的管理与监督。行业企业则应克服短期经济利益的诱惑，积极履行工匠精神教育、技能训练等社会责任，保障学生的合法权益。此外，行业企业还应为学生提供充足的实习与学徒岗位，配备经验丰富的企业导师，开展基于真实生产任务的实践教学与岗位训练，切实提升学生的实践能力。校企双方应共同制订实习与学徒制实施方案，实行弹性学制与学分制，采用工学交替、育训并举的培养模式，并联合实施教学督导与学生评价，确保人才培养质量与社会需求的精准匹配。

（四）优化三方协同治理保障机制

建设现代产业学院需要政校企三方扮演不同的角色，明晰主体权利和责任，搭建责任协同通道，创建互补、互利、互动、多赢的人才培养创新平台。政府作为产业学院建设的引导者，需通过完善相关法律法规，为产教融合提供制度保障；通过统筹规划管理，确保产业学院的发展方向与区域经济社会发展需求相契合；通过实施经费补贴、税收优惠等措施，激励行业企业与职业院校积极参与合作。同时，建立质量保障机制与监督评价体系，对合作成效进行定期评估与反馈，确保合作项目的质量与效果。政府各部门间应加强沟通协调，形成合力，共同推动产业学院的健康发展。政府不仅要在宏观层面发挥引导作用，还需在微观层面关注合作细节，确保各项政策与措施能够落地生根，产生实效。

职业院校作为办学的主体，需充分发挥其教育主体作用。职业院校应积极争取政府的政策与资金支持，同时加强与行业企业的合作，共同设计教学计划、调整课程体系、加强师资队伍建设等。通过深度合作，职业院校能够更准确地把握市场需求，提升人才培养的针对性和实效性。此外，职业院校还应加强自身能力建设，提高教育教学质量与管理水平，为产业学院的长远发展提供有力支撑。

行业企业作为产业学院的重要参与主体，应从自身发展需求出发，积极参与合作项目的规划与实施，包括制订职业标准、学徒标准，提供教育投资、实践条件与技能培训等。通过深度参与人才培养过程，企业不仅能够获得符合自身需求的高素质技能型人才，还能在合作中提升品牌影响力，促进技术创新与成果转化。因此，企业应转变传统观念，将参与职业教育视为自身发展的战略选择，而非单纯的"人才收割"。

在明晰各主体权责的基础上，政校企三方还需建立有效的利益协调与激励机制。一方面，应满足参与主体的合理利益诉求，通过优先招聘权、话语权、科技创新成果应用与转化权等激励措施，激发行业企业参与职业教育的积极性；另一方面，虽然政府和职业院校获得的利益多为间接与延迟的，但应通过社会认可、人才培养质量提升等方式，使其感受到合作的长远价值。同时，对于新成员单位的加入，应建立严格的审核机制，确保成员单位的利益不受损害，维护合作关系的稳定性与可持续性。

为进一步推动三方协同治理的高效运行，还需实现"政、产、研、学、用、金"六链的有效耦合。现代产业学院作为这一耦合的载体与平台，应充分发挥其资源整合与协同创新的优势，通过整合政府、企业、科研机构、学校、用户与金融机构等多方资源，促进人才培养链、科技创新链、金融链、科技孵化链的无缝对接。这不仅能够加强人才供给能力，提升社会服务能力，还能推动区域经济社会的全面发展。在此过程中，现代产业学院应建立一套统一标准的职业教育质量控制体系。该体系应涵盖教学质量、实践效果、科研成果转化等多个方面，通过定期评估与反馈，引导、规范成员单位的行为。对于不符合标准的成员单位，应及时解除合作关系，以抑制投机行为，确保人才培养质量与合作的长期稳定发展。

第四章

三方协同的农牧电商产业学院人才培养

第一节 "四位一体"育人模式及其与三方协同的关系

一、"四位一体"育人模式的探索

高职院校现代产业学院"四位一体"育人模式的主体有政府、行业、企业和高职院校，四个主体各自承担相应的职责。政府的职责为制定政策，引导各主体建立现代产业学院；建立规范，颁布现代产业学院建设指南；树立典范，设立一批示范性现代产业学院。行业和企业的职责为积极响应，主导或参与建立现代产业学院；大力建设，设立大师工作室；参与学校课程开发，提供一批项目，提供实习实训场所；产品孵化[①]。高职院校的职责为大力推动，多方联动，主导或参与建立现代产业学院；教学改革，共商人才培养方案、课程标准、教学模式改革；共同开发新形态教材；教师改革（学校双师、行业企业导师）。

四方主体在现代产业学院中形成育人合力，主要做好四方面工作，以实现聚力培养适应岗位需求、社会需要的德技并修的高级技能型人才的目标。具体而言，主要是以下四方面。

[①] 王飞.高职院校现代产业学院"四位一体"育人模式研究[J].科教文汇，2024（18）：144.

（一）以工作室为载体创新人才培养

在"四位一体"育人模式中，工作室作为创新人才培养的主要载体，其管理模式适用与否直接决定着培养效果的优劣。以企业管理模式运行工作室是一项必要的创新尝试，这不仅有助于营造真实的职业氛围，还能让学生在模拟的企业环境中，逐步养成职业化思维和良好的工作习惯。具体而言，工作室需借鉴企业项目管理的方法，设立明确的分工机制、绩效评估体系以及激励措施，从而激发学生的主动性与创造力。与此同时，以多元项目为导向，鼓励学生在行业导师的指导下参与多领域的学习与竞赛活动，可以有效培养学生的综合能力。在此过程中，应注重线上与线下教学的有机结合，利用现代信息技术扩大行业导师的覆盖面，确保学生能够接受高质量、个性化的指导。

然而，这种管理模式也存在一些潜在挑战。例如，企业化管理需要团队成员具备较高的自主学习能力与组织协调能力，而学生由于经验不足，可能在初期面临较大压力。因此，工作室在运行初期应适当降低项目难度，并提供必要的支持与引导。此外，行业导师的选拔与培养也需格外谨慎，应确保其具备丰富的实践经验和较强的教学能力。

（二）以共建课程为切入点整合资源

课程体系的建设是"四位一体"育人模式的基础，校企合作开发课程能够有效提升教学内容的实践性与前瞻性。在这一过程中，引入企业标准是确保课程质量的重要环节。通过深入调研行业需求，学校与企业可共同制定涵盖专业技术、职业素养及创新能力的课程标准，以实现理论与实践的无缝衔接。同时，开发活页式与工作手册式新形态教材，能够增强教材的灵活性与针对性，使其更贴近真实的工作场景与生产流程。为了确保课程开发的持续优化，还需开展校企人员的互换活动，推动教师进车间、企业师傅进课堂。这样的双向流动不仅有助于提升教师的实践水平，也能使企业师傅更深入地了解教育规律，促进课堂教学与职业实践的有机结合。

此外，在真实工作场景中开展实习与实训活动，也是"四位一体"育人模式的一大特色。在组织此类活动时，学院应充分考虑企业的实际生产需求与学生的学习能力，合理规划实习内容与时间安排，确保学生能够在实践中掌握专业技能，同时避免因生产任务过重而导致学习效果下降。

（三）以多项目为依托开展社会服务

"四位一体"育人模式强调通过多项目社会服务提升学院的社会影响力与服务能力。承接真实的生产项目，不仅能够增强学院的凝聚力，还能为师生提供宝贵的实践机会。在参与项目的过程中，教师的专业水平将得到显著提升，而学生也能通过实践积累经验、开阔视野。此外，学院还应鼓励教师参与相关领域的职业培训与考证，进一步强化其专业能力，以适应行业发展的需求。

需要注意的是，多项目社会服务的一个重要目标是实现产品孵化与创新创业培训。通过搭建产学研平台，学院可以帮助学生将优秀的创新成果转化为实际产品或创业项目，激发学生的创业热情。然而，在这一过程中需要警惕项目选择的盲目性与低效性。学院应根据自身的学科优势与社会需求，合理筛选项目，避免资源浪费。同时，应提供专业的技术支持与资金保障，为项目孵化创造有利条件。

（四）以岗位实习为抓手提升人才质量

岗位实习作为"四位一体"育人模式的重要组成部分，直接关系到学生的职业能力与就业质量。通过深度校企合作，推动教师访工、挂职锻炼与学生实习，可以有效实现教学内容与行业需求的深度对接。具体而言，教师通过挂职锻炼能够深入了解行业动态，将最新的行业知识融入教学中；学生通过企业实习能够在真实的工作环境中巩固所学知识与技能，提高适应能力。

为确保岗位实习的有效性，学院须与企业保持密切联系，制订科学的实习计划，并安排专人负责实习期间的沟通与指导。同时，注重收集行业资源与案例，并将其融入教学中，从而培养契合社会需求的高质量技能型人才。然而，在实施过程中也需注意保护学生的实习权益，避免因企业管理不当或任务安排不合理而影响学生的学习积极性与职业认同感。

二、"四位一体"育人模式与三方协同的关系

三方协同通过整合政府、学校和企业的资源与优势，为"四位一体"育人模式提供了坚实的实施基础。政府在其中扮演着政策制定者、推动者和保障者的角色。通过出台相关政策，如《现代产业学院建设指南（试行）》和《中华人民共和国职业教育法》，政府明确了企业作为重要教育主体的地位，推动了产教融合，为高素质技术技能人才的培养提供了制度保障。此外，政府还通过"金融+财政+土地+信用"组合式激励政策，支持产教融合型企业的发展，为校企合作提供了经济支持。

学校作为育人模式的核心主体，负责教育内容的组织与实施。通过与企业的紧密合作，学校能够将产业需求精准对接到课程体系中，开发出符合行业标准的课程内容。同时，学校通过与企业共建实训基地、共享师资等方式，提升学生的实践能力。这种合作不仅优化了教育资源的配置，还提高了教育的针对性和实效性。

企业是"四位一体"育人模式的重要参与者。企业通过提供实践平台、真实项目和行业导师，将产业实际需求融入育人过程。这种深度参与不仅解决了学生实践能力不足的问题，还为企业自身培养了符合需求的高素质人才。企业与学校之间的深度融合，使得教育与产业紧密结合，实现了协同育人的目标。

第二节　高水平师资队伍的建设

高水平师资队伍是新时代职业教育高质量发展的重要基石。依托现代产业学院建设高水平师资队伍，打造高水平教学团队，是现代职业教育深化发展的题中之义。产业学院作为加速职业教育现代化进程的关键驱动

力，为高水平师资队伍建设提供了广阔的实践平台与创新空间①。

一、师资队伍建设的问题与策略

（一）师资队伍建设的问题

三方协同的农牧电商产业学院纳入多方力量参与办学，体现出更广的合作范围、更宽的合作路径，以期达成更好的办学成效。然而作为一种探索性实践，其在育人主体师资队伍建设过程中呈现出以下问题。

1. 多元合作背景下师资队伍建设冲突

在多元合作背景下，师资队伍建设冲突成为制约产业学院及相关教育模式发展的关键因素。三方协同的农牧电商产业学院通过引入多元主体，包括行业协会、企业骨干等，为人才培养和技术创新注入新的动力。然而，这一合作模式在实践中也暴露出目标分歧、高层次目标与师资适配困难，以及项目化合作中的教师适配性挑战等多方面矛盾，直接影响合作的成效与教育质量的提升。

（1）多元化教师来源与合作冲突。在多元合作模式下，政府、行业协会、企业骨干和高校教师等多方力量共同参与师资建设，而各主体的目标与行为不一致，导致合作冲突。一方面，学校通常以人才培养、科学研究和社会服务为主要目标，行业协会和企业更倾向于追求自身经济效益。因此，企业对合作的支持力度往往有限，其投入的资源多为非核心资产，且多集中于短期合作项目，双方难以建立稳定的长期协作关系，这种目标上的差异使合作内容难以实现深度融合。另一方面，由于政策滞后与协同机制有待完善，企业在参与合作中难以获得明确的经济或社会收益，这进一步削弱了其积极性。这不仅降低了合作的稳定性，还对多元主体间的协调与信任提出了更高的要求。

（2）高层次目标与师资适配难题。三方协同的农牧电商产业学院设定

---

① 宁启扬. 高职院校产业学院师资队伍建设的问题诊断、根源透视与策略导向[J]. 天津职业大学学报，2024，33（5）：50.

的高层次目标，如产业创新、技术攻关和高素质人才培养，对师资水平提出了更高要求。然而，在现实中，优质师资的稀缺成为这一目标实现的主要障碍。行业企业引入的教师虽然拥有丰富的实践经验，但由于缺乏系统的教学培训，在教育理念和教学方法方面存在明显短板，难以满足高质量教学的需求。同时，学校现有教师的数量与能力也难以支持农牧电商产业学院的目标实现。部分教师在专业技能方面无法及时适应快速变化的行业技术需求，从而造成教学效果与预期目标之间的显著差距。此外，师资的不足进一步加剧了教育与产业目标间的不匹配问题，使产业学院在实际运行中出现严重的效率低下和目标偏离问题。

（3）项目化合作与教师适配性挑战。校企合作通常以项目为单位开展，这种阶段性强的合作模式带来了教师适配性的突出挑战。在合作过程中，企业派遣的教师往往会因工作安排或项目周期而频繁更换，这种不稳定性削弱了合作的连续性和教育成果的一致性。此外，随着行业技术的快速更迭，教师需要不断调整和更新自身知识体系，以适应新项目的技术需求和教学要求。然而，现有师资队伍的专业素养和教学能力参差不齐，使这一适应性要求难以实现。部分教师在面对复杂技术或创新任务时缺乏深度的实践经验，或者在教学中难以将技术、技能有效转化为学生可掌握的知识与能力。这种适配性不足不仅限制了项目化合作的成效，还阻碍了师资队伍的可持续发展。

2. 制度性缺陷下师资管理机制失范

由于制度性缺陷的存在，师资管理机制的失范问题成为制约政校企协同的农牧电商产业学院可持续发展的重要瓶颈，这一问题主要表现为管理机制的路径依赖、教师选拔与培训制度的局限性，以及考核评价体系和激励机制的不足，这些方面共同影响了师资队伍的建设与发展。首先，管理机制的传统路径依赖和制度创新滞后阻碍了产业学院改革目标的实现。当前提倡的校企人才双向流动和灵活人事制度，缺乏细化的操作指引，导致实际执行中困难重重。地方政府与行业协会参与度不足使得政策的实施缺乏必要的支持。与此同时，校企合作的人才管理方式仍然沿袭传统、单一的模式，未能充分激发跨领域人才交流的潜力，致使合作效能显著受限。其次，教师选拔与培训制度的局限性进一步加剧了师资队伍的同质化问题。现行选拔机制过于依赖既定框架，忽略了外部优质资源的引入，而校企联合培训机制的薄弱限制了教师队伍对产业需求的适应能力。现有培训模式单一，无法有效提升教师的创新能力和持续学习能力，加之选拔标准和渠道固化，进一步加剧了师资队伍建设与行业需求脱节的问题。最后，考核评价体系和激励机制的不足对师资队伍的稳定性和积极性产生了负面影响。考核评价体系未能充分体现产业学院特色，忽视了实践创新和社会服务对教师的重要性，导致兼职教师和产业导师在评价中难以得到应有的认可。此外，评价结果与职业发展、薪酬激励关联不够紧密，现有激励手段单一，难以满足教师多样化的发展需求，使个人发展目标与学院战略规划脱节，影响整体协同效应。

3. 个体因素制约下教师发展失衡

在个体因素制约下，教师发展失衡成为三方协同的农牧电商产业学院建设中的重要挑战之一，具体表现在以下几点。

①角色定位的模糊与冲突。学校教师倾向于理论教学，难以有效适应实践导向的教育要求；企业教师由于教学技能不足，未能充分发挥其实践经验优势。同时，教师需要在教学、科研和社会服务等多重任务间寻求平衡，这种角色冲突不仅削弱了教师的职业投入，也制约了其在多个领域的全面发展。

②教师能力结构的单一与分化进一步加剧了这一失衡状况。学校教师在实践经验与技术创新力方面相对欠缺，企业教师则因教学方法掌握不够而难以胜任系统化的教育任务。能力的不匹配直接限制了教师的专业成长空间，不仅影响了教育质量，还对高素质复合型人才的培养构成了阻碍。

③资源投入的有限性与不足使教师发展缺乏应有的支持。企业教师因本职工作繁重而难以投入足够时间与精力，学校教师则因管理需求的不一致而在参与校企合作时常处于犹豫状态。这种选择性投入往往倾向于个人

兴趣或易出成果的领域，忽视了产业学院的育人目标，进一步拉大了教师发展的不平衡性。

（二）师资队伍建设的策略

推进职业教育教师队伍高质量发展是三方协同的农牧电商产业学院内涵发展的必然选择，更是建立现代职业教育体系、推进职业教育现代化和教育强国建设的必由之路。提高三方协同的农牧电商产业学院师资队伍建设质量，为打造"大国强师"，服务职业教育高质量发展，推进职业教育现代化和教育强国提供了有力支撑。

1.建立适切的师资队伍管理机制

建立适切的师资队伍管理机制，需要注意两点。首先，产业学院应赋予教师更多的自主权，实行灵活的人事制度，重视教师的实践经验与创新能力。传统管理模式已难以适应产业学院的发展需求，应积极推动灵活的人事管理，以提高教师的积极性和责任感。灵活的人事制度可以增强教师参与教学、科研与社会服务的主动性，推动校企人才的双向流动。校企合作不仅能让教师了解行业动态，还能促进行业专家和学术人员的互动与知识共享，提升教学内容的实践性和前瞻性。其次，建立完善的培训体系和激励政策也是师资队伍建设的核心。三方协同的农牧电商产业学院应构建涵盖教学、科研、社会服务等方面的多维度的评价体系，实施多元化的激励措施，不仅在薪酬上给予奖励，还提供职业晋升和科研发展的支持。这种多元化的激励机制能够激发教师的创新潜力，促进教师的综合发展，提升师资队伍的整体素质。

2.注重团队合作生态建设

三方协同的农牧电商产业学院还应注重团队合作生态的建设，尤其是在产学研技术创新与知识传递方面的协同。科研与教学的良性循环是提升教育质量的重要途径，科研成果能推动教学创新，反过来，课堂教学中的问题与经验也能为科研项目提供支持。这要求产业学院构建基于共同愿景的信任文化，增强团队的凝聚力和使命感。

为激发团队的创新潜力，产业学院可以通过专项基金和激励措施推动教师在教学、科研等方面的跨领域合作。产业学院教师之间的合作与信任不仅能促进教学和科研的创新，还能加强产业学院的整体竞争力。

3. 教师个体资源效能发挥

为了提升教师个体的资源效能，三方协同的农牧电商产业学院需要协调个体需求与组织目标，提供个性化职业发展路径，并实施灵活的激励机制。教师的职业发展应与学院的目标相契合，产业学院应根据教师的兴趣和专长，支持其在教学、科研和社会服务中发挥更大的作用。此外，持续学习平台与反馈机制的建设对于教师自我提升至关重要。产业学院应为教师提供跨学科合作的机会，推动其技能的提升与知识的更新，以适应行业变化和教学需求。这不仅能提升教师的教学能力，还能激发教师的教学热情和创新潜力。

二、师资队伍培养机制创新的问题与对策

（一）师资队伍培养机制创新的问题

在三方协同的农牧电商产业学院的发展过程中，师资队伍培养机制创新面临若干关键问题。首先，学校对"双师型"教师的概念理解较为片面，未能充分分析产业学院校企合作的具体需求，这导致学校与企业之间存在一定隔阂，教师认定标准未能与企业对应用型人才的培养需求有效结合，从而制约了双向合作的深入开展。其次，师资来源渠道单一，尤其是部分新毕业生缺乏企业实践经验，其工程实践能力和职业素养尚显不足。虽然企业的高技术人员是理想的"双师型"教师来源，但由于高校薪资待遇可能相对较低，导致这类教师比例偏低，未能有效对接产业学院建设和教师培养需求。最后，培养机制尚不成熟。尽管国家对"双师型"教师的培养有明确要求，但许多学校未建立完善的培训和轮训机制，导致教师对现代教学方法和行业需求的理解不足，难以将理论与实践相结合，影响了高质量人才的培养。整体而言，校企合作深度不足，资源共享较低，严重

影响了"双师型"教师的培养质量和效率。

（二）师资队伍培养机制创新的对策

在三方协同的农牧电商产业学院发展过程中，创新师资队伍培养机制是提升教育质量、推动产教融合的关键。要实现高质量的"双师型"教师队伍建设，产业学院需从多个方面采取针对性的对策。

1. 坚守双主体地位

校企合作是产业学院的重要特色，农牧电商产业学院应清楚认识到学校与企业在合作中的主体地位。学校应主动对接行业需求，探索在产教融合背景下的教育模式，提升教学内容和方法的实践性与前瞻性。与此同时，企业在教师培养过程中也应发挥积极作用，帮助教师提升工程实践能力和职业素养。企业通过参与教师的培训和实践环节，可以让教师更加明确行业发展需求，确保教学内容与产业需求同步发展，最终实现校企的互利共赢。

2. 践行全过程培养理念

践行全过程培养理念是培养高素质"双师型"教师的关键。农牧电商产业学院应在教师培养过程中不断优化培养路径，从课程建设、教学内容更新、教师素质提升等方面入手，确保教师的"双师"素质得到全面提升。这不是一个阶段性的培训任务，而应贯穿整个产业学院的建设和发展过程。在教师培养中渗透行业需求和技术发展，能够确保教师的教学能力与行业标准对接，使其既具备扎实的理论基础，又具备能迅速适应行业发展的应用能力。

3. 打造"双师"培养基地

农牧电商产业学院应积极与一线企业合作，共建生产性实训基地，为教师提供一个良好的技术素养提升平台。这些实训基地不仅能为教师提供实践机会，也能成为教师与企业合作、交流的枢纽。通过这样的合作，教师不仅能够学习到行业最新的技术和实践，还能够通过与企业专家的互动，提升教学方法和课程设置的实用性与前瞻性。建立系统化、常规化的培训体系，可以为"双师型"教师提供持续的教育和实践支持，确保其教学能力和实践经验不断与行业需求对接。

4. 完善考核的激励机制

农牧电商产业学院应根据"双师型"教师的特性，建立完善的评定标准，并设计常规学习和考核制度。教师的职业发展应与学院的考核机制相结合，将考核结果与绩效奖励、职称评审等挂钩，激励教师在教学和实践中不断提升自身能力与素质。建立明确的晋升路径和激励措施，可以激发教师的内在动力，提高其教学质量和实践能力，同时促进教师的个人职业发展与学院整体目标的高度契合。

第三节　专业课程建设

一、产业学院课程开发的价值

三方协同的农牧电商产业学院一般是将政府的资源、相关产业的龙头企业资源与学校的资源汇聚在一起。只有将政府、企业的产业资源、科技资源、行业经验等优势要素与学校的教育资源优势要素在产业学院这一新兴教育组织形态中融合，才能探索出产教融合、协同育人的新途径。政校企协同的农牧电商产业学院课程开发的价值主要体现在以下两方面。

（一）充分体现产业技术与职业教育的深度融合

产业学院的核心目标是校企协同培养高素质技术技能人才，而课程开发是人才培养的关键因素，关乎学校人才培养的质量和规格[①]。在高职院校的人才培养过程中，只有将技术进步过程和产业链价值创造过程反映在

---

① 赵红，谷丽洁. 产业学院课程开发的价值、冲突与消解路径[J]. 高等职业教育探索，2021，20（4）：28.

学校课程开发过程当中，才能真正实现教育链和产业链的融合，培养出产业急需的技术技能人才。施良方将课程开发定义为完成一项课程计划的整个过程，它包括确定课程目标、选择和组织课程内容、实施课程和评价课程等阶段。而基于校企双主体深度合作的载体——产业学院的课程开发，是为了更加深入地提高教育链与产业链的匹配度，将产业技术与职业教育的融合落实在课程执行层面并体现出来。

（二）有效推进双师教学团队的建设与提升

通过产业学院分别甄选来自学校与企业的协同开发课程团队成员，企业选出既有工作岗位操作技能和经验，又有一定理论基础和语言组织能力的专业技术人员，学校选出专业带头人与专业骨干教师，共同实施课程开发。在课程开发的过程中，团队内双方教师努力从技术研发、生产实践、课程实施中提取出可指导课程实践的规律性经验，在不断反省自身的职业实践过程中，提升校企双师团队的教学能力与整体水平。

二、产业学院课程开发的冲突与其消解路径

（一）产业学院课程开发的冲突

尽管在利益共同体的驱动下，产业学院校企双方在课程开发过程中有共同诉求，但在课程目标的确定，课程知识内容的选择，课程结构的安排，课程开发的技术，课程转化、实施、评价等一系列教学实施方面，也存在一定的分歧和冲突。

1.产业学院课程开发的知识价值分歧

课程知识的价值选择从来不是中立的，而是与社会意识形态和产业需求密切相关的。在农牧电商产业学院中，由政府、学校和企业、行业协同构成的办学主体在课程知识的价值取向选择上存在天然矛盾，具体表现为工具价值与内在价值之间的冲突。例如，企业作为追求经济效益的主体，更倾向于通过课程培养满足自身发展需求的高素质技术技能人才，希望学

生能够迅速掌握职业岗位所需的知识与技能。因此，在"什么知识最有价值"的选择上，企业通常侧重于工具价值，倾向于让课程内容和实践活动直接服务于企业生产与岗位需求。而学校作为以培养全面发展的高素质人才为目标的教育机构，需要兼顾职业教育的教育性，更加注重学生的可持续发展能力和创新思维的培养。在知识价值取向上，高校更倾向于强调内在价值，重视课程内容的逻辑性、启发性和教育性。

在三方协同办学中，这种知识价值取向的分歧不可忽视。单纯追求工具价值可能导致课程设计过于实用主义，忽视学生综合素质和创新能力的培养；而片面强调内在价值可能使课程安排脱离实际需求，无法有效服务于农牧电商产业的生产实践。从学生的个体发展需求来看，学生既需要掌握岗位所需的职业能力以保障就业，也需要具备可持续发展的能力和对知识的追求以适应未来发展。从企业的发展需求来看，既需要掌握岗位知识和技能、能胜任生产任务的员工，也需要具备创新思维和能适应产业结构调整与升级的复合型人才。

因此，在农牧电商产业学院的课程开发中，三方协同主体需动态平衡工具价值与内在价值之间的关系，避免过度偏向任何一方。通过科学整合校企资源，政府政策引导和支持，产业学院可逐步形成既服务于学生全面发展，也满足企业实际需求的课程知识体系，从而实现知识的工具价值与内在价值的统一，推动产业学院的高质量发展。

2. 产业学院课程开发的技术矛盾

在三方协同的农牧电商产业学院中，通常学校和企业因目标差异，在课程开发的技术设计上存在一定的矛盾。学校的课程开发侧重知识的系统性和全面性，以知识传授为主线，结合能力培养与人文素养，强调综合性与长远发展。企业更关注知识的操作性和实践性，其课程开发形式多以新型活页式或工作手册式教材为主。企业开发技术如"一号标杆企业"模式，通过深度挖掘企业骨干的核心经验与技能，形成高针对性和实用性的课程产品，这种实践导向的技术设计与学校以知识为主的课程开发逻辑在目标与方法上存在冲突，难以自然对接。

3. 产业学院课程转化的场所障碍

课程转化的场所障碍也为三方协同教学带来挑战。例如，产业学院的课程资源来自学校和企业，分布于"公益性"导向的校园学习场所和"盈利性"导向的企业工作场所。两种场所代表了行动领域与学习领域的不同逻辑，教学理念和方法各异。在企业项目实施中，企业教师具备出色的教学知识转化能力，学生才能有效理解和应用项目所需的知识与技能。然而，虚拟化的学校情境与企业真实环境之间的差异，加剧了高职教育理论性与实践性、专业性与职业性之间的矛盾。课程开发的场所障碍和政校企目标分歧成为影响协同办学效果的关键问题，需要通过更加协调的技术设计与资源整合来化解。

（二）产业学院课程开发冲突的消解路径

在三方协同的农牧电商产业学院建设中，课程开发是实现人才培养目标的关键环节。然而，由于学校、企业和政府在课程开发中的价值取向、技术方法和实施场所上存在差异，导致多种冲突的产生。如何有效协调校企双方的诉求，整合资源优势，构建兼顾实践性与教育性的课程体系，成为解决冲突、优化协同发展的重要课题。下面以校企双方的开发冲突消解为例进行阐述。

1. 动态提升校企双方课程能力与课程意识

产业学院中来自学校的教师与来自企业的教师在对课程的理解与认识能力、课程开发与设计能力、课程组织与实施能力等方面各有所长。企业教师的课程知识和技能相对比较零碎、浅显，缺乏对专业技术课程整合和开发的系统能力。学校专业教师对课程教学实施比较重视，但实施课程活动的方式单一，与企业教师相比，缺乏解决实际问题的能力，缺乏针对专业课程的研制与开发能力，创造力不足。课程意识是学校教师的一种专业意识，这恰恰是企业教师的弱项，因而需要不断加强对企业教师课程意识的培养，在参与课程开发与实施的过程中逐渐培养他们的课程创新意识、研究意识、开发意识、资源意识等。作为专业教师，其课程意识也在不断发展之中，这种发展是动态的、多样的。

在课程开发的过程中，需要企业根据劳动力市场需求和区域经济发展需求，分析职业的工作结构，描述岗位工作职责，分析岗位需要的综合能力和专业能力，归纳岗位典型工作任务，提出对课程设置的建议。学校应更多地承担课程内容框架设计工作，实现典型工作任务的教学转化等。最终再通过校企课程开发专家团队的研讨，归纳相应知识、技能要求，设置课程并对课程内容进行排序。

2. 动态平衡产业学院中校企双方的责任

在三方协同的农牧电商产业学院中，为有效解决企业人才需求与学校人才培养脱节的问题，学院需依托动态模型实时跟踪企业需求，灵活调整课程目标、内容与实施方案。校企双方应在课程开发过程中动态平衡各自责任，确保课程目标与内容与产业需求紧密对接。此外，课程结构的选择应根据不同人才培养目标和企业需求进行调整，确保课程既能满足急需的技术技能人才培养要求，也能支持卓越人才的长远发展。通过双主体协作与动态调整机制，实现校企资源的高效整合与共享，提升课程的适应性和实践性。

3. 动态调整校企双主体课程评价的标准

课程评价旨在检验课程的开发、设计和实施是否能实现人才培养既定目标，达到应有的效果。因此，课程评价的主体应当定位于多元利益相关者，产业学院课程开发的核心主体就是学校与企业双方。因此，首先，要考虑到课程评价的双主体处于动态交互环境下，评价模式的构建和评价标准的制定要建立在利益主体价值协商与共识的基础之上；其次，课程评价标准应体现动态性、多维性和发展性，将共性评价与个性评价结合起来，采用统计、测量等定量评价和描述、观察等定性评价相结合的方法；最后，将课程理论部分与实践部分的评价进行有机结合，充分发挥学校与企业评价各自的优势，构建出可操作的多维评价体系。

第五章 产业学院育人融合发展机制

在当今快速变化的经济背景下，产业学院作为教育与产业深度融合的产物，其"教书"与"育人"的融合发展机制显得尤为重要。本章旨在探讨如何通过多元主体协同、社会实践及课程思政等途径，实现产业学院人才培养的全面升级。

第一节 "大思政"格局下产业学院多元主体协同育人研究

现代产业学院作为国家产业发展人才战略的重要抓手，"培养什么人、怎样培养人、为谁培养人"是亟待解决的问题。构建"大思政"格局，要坚持全员、全过程、全方位育人的"三全育人"基本原则，把思想价值引领贯彻到教育教学全过程和各环节。农牧电商产业学院要培养适应产业需要的高素质应用型、复合型、创新型人才，而产业所需人才除了具有高水平的专业技能，更要具备过硬的政治思想素质与高尚的人文道德情怀。结合现有协同育人模式的研究，农牧电商产业学院可以从协同育人的机制、内容、环境、形式、手段五个方面构建"大思政"格局下的协同育人保障体系，具体如下。

一、构建高效的协同育人机制

在构建高效的协同育人机制过程中，首要任务是构筑一个多元化主体深度融合的协同平台，确立一种可持续且稳定的管理框架。农牧电商产业学院作为集企业、高等教育机构与政府力量于一体的新型教育实体，其内在特性决定了各参与方在人才培养目标及发展规划上必然存在差异性，进而影响教育方案的设计取向。为了确保这一综合性教育模式能够顺利推进，必须构建一个与产业学院人才培养愿景及发展蓝图相契合的领导体制，以此作为基石，促进各参与方之间形成深度、持久的合作态势，这要求校企双方深入交流，共同剖析人才培养的具体目标，寻找既能满足各自需求又能促进人才全面成长的合作契合点，从而推动人才培养的多元化进程。领导体制的明确，不仅能够确保人才培养目标的一致性，还能够使其更好地服务于社会各方的利益与长远发展需求。

进一步来讲，为了确保教学质量与成效，农牧电商产业学院应当对教育过程及成果实施量化评估，建立一套科学、全面的考核体系。通过合理的监督与评估机制，确保各项人才培养措施得到有效执行，进而提升教育的整体质量。在评价过程中，应综合考虑学生反馈、学校评估及企业满意度等多个维度，以确保评价体系的公正性与合理性，此机制不仅能够揭示教育实践中存在的问题，还能够为及时调整教学策略提供依据。将教育主体的绩效与其教育成果直接挂钩，可以显著增强其在立德树人方面的责任感与使命感。

此外，构建一套有效的激励机制对于激发校企双方教育者的创新精神与时代适应性至关重要。依据校企共同设定的人才培养标准，设计具有针对性的激励方案，可以充分调动教师队伍的积极性与创造力，促使其不断提升专业素养与教学能力。高职院校可通过营造积极向上的校园文化氛围、优化工作环境、促进师生及同事间的和谐关系等情感激励手段，进一步增强教师的工作动力与自我提升意愿，鼓励其积极参与专业培训与发展机会。一个合理的激励机制，还应促进校企双方深化合作共识，加强专业课程、实践教学与思想政治教育之间的有机融合，从而有力推动"全员、全过程、全方位"育人理念的深入实施与有效落地。

二、完善系统的协同育人内容

在人才培养的框架下，完善系统的协同育人内容是至关重要的，这一内容的完善需紧密围绕现代产业发展的需求及人才全面发展的目标，通过全面整合教育资源，实现"三全育人"的教育理念。

高职院校作为人才培养的主要阵地，应着重于专业教育与思想政治教育的深度融合，以及实践教育的强化。具体而言，高职院校需设计一套既能传授专业知识，又能融入思政元素的教学体系，确保学生在掌握专业技能的同时，也能提升思想道德素养。这种融合并非简单叠加，而是要求专业教育与思政教育在内容上相互渗透，在方法上相互促进，从而达到协同育人的效果。

企业作为人才培养的另一重要主体，应提供一个真实、先进的生产技术环境，使学生能够深入生产一线，将所学知识应用于实践，真正做到学以致用。同时，企业应将思政教育纳入员工培训体系，与高职院校共同构建一个全方位、多层次的协同育人体系。企业应选派具有丰富实践经验和卓越技术能力的员工，与学生进行面对面的经验交流，帮助学生从不同角度理解企业的实际运营情况。此外，企业还应结合自身的发展历史和企业文化，对学生进行有针对性的思想政治教育，以实现技能教育与思政教育的有机融合。

在协同育人的过程中，各方都应坚持素质教育的导向，致力于促进学生的全面发展。无论是学校还是企业，都应树立以学生为中心的教育理念，打破传统以教师为主导的教学模式，实施差异化教学策略，以满足学生个性化的学习需求。同时，校企双方还应注重培养学生的劳动观念和审美能力，通过劳动教育和美育教育，提升学生的劳动道德素养和职业道德品质，为培养德智体美劳全面发展的社会主义建设者和接班人奠定坚实的基础。

三、创设优质的协同育人环境

在教育改革与产业升级的背景下，创设优质的协同育人环境成为提升人才培养质量的关键。这一环境的构建需从两个核心维度入手，以实现教育资源的最优配置与人才发展的全面促进。

第一，着眼于平台资源的共享与校内外互动机制的建立。教育环境作为人才培养的土壤，其氛围、场景与条件对个体的成长具有深远影响。因此，校企双方需基于各自特色，共同塑造一个多元化、开放性的育人生态。企业应充分发挥其行业优势，通过展示积极向上的企业文化、团队协作精神及创新实践模式，为人才提供与职场无缝对接的学习场景，加速其社会化进程。同时，高职院校需紧扣时代脉搏与行业需求，依托其深厚的学术底蕴与丰富的教学资源，培养出既具备扎实理论基础又符合市场需求的复合型人才，为企业输送高质量的人才。

第二，强化校企间的连接性，构建互补互促的协同育人新模式。为了实现这一目标，双方需打破传统界限，实现资源与优势的深度整合。高职院校应成为理论知识与创新思维的源泉，为人才培养提供理论支撑；企业应成为技术实践与应用转化的平台，助力人才将所学知识转化为解决实际问题的能力。在此过程中，校企双方需共同制订清晰的人才培养方案，确保理论与实践的紧密融合，形成"产学研用"一体化的教育体系。此外，农牧电商产业学院作为连接教育与产业的桥梁，应特别注重实践模拟场所的建设，通过创建真实的工作情境，使学生能够在模拟环境中加深对理论知识的理解，实现知识向技能的有效转化，从而更加从容地应对未来社会的挑战与机遇。

四、创新多样的协同育人形式

在传统教育模式中，学生往往处于被动接受知识的地位，这限制了其主动性与创造性的发挥。为应对这一挑战，农牧电商产业学院作为新型教育机构，应积极探索以学生为中心的多元化、创新型协同育人形式，其核心在于产教融合的深度实施。该模式强调校内外多方主体的紧密合作，共同培养适应现代产业需求的应用型高技术人才。此举反映出，单一的传统教学模式已难以满足当前产业学院对人才培养的多元化需求，亟须打破高职院校与社会的界限，通过增强师生互动、激发学生自主创新能力，实现教育链、人才链与产业链、创新链的有机衔接。

应用型人才的培养重心在于实践应用能力，这要求产业学院必须调整教育结构，增加企业教育的比重，从根本上转变以理论教学为主导的传统观念。知识的价值在于其应用，产业学院应引导学生深入思考如何将所学知识转化为实际价值，确保学生能够学以致用、用之有效、用之得法，从而达到理论与实践相结合的全方位育人目标。为此，高职院校需平衡理论教学与实践技能培养的投入，加大对应用教学的支持力度，并指导学生根据市场需求进行职业规划，实现个人能力与岗位需求的精准对接。

此外，教师团队的建设与能力提升也是推动协同育人机制创新的关键环节。教师应积极拥抱现代信息技术，认识到知识获取渠道的多元化及教学方式的多样性。为适应社会发展对人才需求的变化，教师必须不断更新教育理念，掌握现代教育技术手段，确保教育内容与方法的时效性。新技术的涌现为教育提供了跨越时空的可能性，使教育资源得以在线共享，直播课、微课等新型教学模式应运而生，成为连接学生与知识的新桥梁。通过这些创新手段，教育不再受限于传统教室，而是能够随时随地进行，这极大地丰富了学生的学习体验，提升了教育效率与质量。

五、发展先进的协同育人手段

在教育现代化的进程中，教师角色的转变与技术能力的提升显得尤为关键。教师需超越基础办公软件的运用范畴，主动探索并掌握图像编辑、视频制作与剪辑等先进教学技能，以适应教育技术的发展趋势及学生多样化的学习需求。为此，高等教育机构应建立常态化的教师培训与交流机制，强化教师的信息化教学能力培训，促进其专业技能的持续更新与升级。

教师需充分利用多样化的教学平台，不仅将其作为知识传授的媒介，更将其作为监督学生学习过程与为学生提供个性化指导的重要工具。通过线上系统，教师可以实时追踪学生的学习进度，依据数据分析结果，精准定位学习难点，提供定制化的教学内容与反馈，同时，发布丰富的学习资源，引导学生自主学习，培养其探究能力与终身学习的习惯。此外，现代教育体系应打破传统面对面教学的局限，以及对固定教材内容的过度依赖，推动线上线下融合的教学模式，实现教育信息化的深度发展。这既要求教师不断提升自身的信息技术应用能力，也要求如农牧电商产业学院等教育机构，加强信息化教育资源的建设与整合，为教育信息化提供物质基础。

在"互联网+"时代背景下，在线学习已成为教育领域的重要组成部分。现代产业学院应积极响应这一变革，依托网络资源平台，精选高质量、与人才培养方案紧密契合的在线课程，构建涵盖基础理论、实践操作、拓展创新等多维度的课程体系。通过实施差异化教学策略，结合线上线下的教学优势，构建一个全方位、多层次、个性化的教学体系，以促进学生的全面发展与创新能力培养。

第二节　乡村振兴与产业学院育人工作

一、乡村振兴概述

（一）乡村振兴的基本含义

1. 产业兴旺是根本

产业兴旺不仅指传统农业的升级和转型，更涵盖了乡村旅游、现代服务业及农村电子商务等多元化产业的发展。以下从三个方面深入探讨产业兴旺对于乡村振兴的重要性。

（1）传统农业的现代化和产业化是实现产业兴旺的重要途径。农业作为乡村经济的支柱产业，其现代化和产业化直接关系到乡村经济的发展。

引入先进的农业技术、提升农产品的附加值、加强农业产业链的延伸和拓展，可以显著提升农业的生产效率和经济效益。例如，推广高效种植技术、发展智慧农业、建设农产品加工产业园等措施，都能够促进农业的现代化和产业化，提高农民的收入水平，推动乡村经济的繁荣发展。

（2）多元化产业的发展是实现乡村振兴的关键。除了传统农业，乡村振兴还需要依靠乡村旅游、现代服务业以及农村电子商务等新兴产业的发展。乡村旅游作为一种新型的乡村经济形态，既能够促进乡村经济的发展，又能够传承和保护乡村的文化和自然资源。发展乡村旅游，可以带动农副产品的销售、推动基础设施的建设、促进就业机会的增加，从而实现乡村经济的多元化和可持续发展。同时，现代服务业和农村电子商务的兴起，为乡村经济的发展提供了新的动力。发展农村电商平台，打通农产品的销售渠道，实现农产品的线上销售，可以大幅提升农产品的市场竞争力和经济效益。

（3）完善的产业政策和配套措施是实现产业兴旺的重要保障。政府在推动乡村产业发展过的程中，必须制定和实施科学的产业政策，提供有力的政策支持和保障措施。例如，通过财政补贴、税收优惠、金融支持等政策手段，鼓励和引导社会资本投入乡村产业的发展，促进乡村经济的繁荣。同时，加强农村基础设施建设，改善农村交通、水利、电力等基础设施条件，为乡村产业的发展提供良好的环境和条件。此外，政府还应加强人才的培养和引进，提升乡村劳动力的素质和技能，为乡村产业的发展提供人力资源支持。

2. 生态宜居是关键

生态宜居是乡村振兴的关键，是改善乡村生活环境、提升乡村居民生活质量的重要因素。乡村振兴不仅是经济的发展，更是生态环境的保护和改善，是人与自然和谐共生的体现。以下从三个方面深入探讨生态宜居对于乡村振兴的重要性。

（1）生态环境的保护和治理是实现生态宜居的前提。加强生态环境的保护和治理，可以有效改善乡村的生活环境，提升乡村的生态宜居水平。

例如，实施生态环境保护措施，可以减少农业生产过程中的污染物排放，保护水源、土壤和空气质量；建设生态农业示范区，推广绿色农业生产技术，减少农药、化肥的使用，可以保护农业生态环境；实施农村环境综合整治，改善乡村基础设施条件，可以提高乡村居民的生活质量。

（2）生态宜居的实现离不开绿色发展的理念和实践。绿色发展是实现生态宜居的重要路径，是乡村振兴的重要组成部分。推动绿色农业、绿色能源、绿色建筑等绿色产业的发展，可以实现生态环境的保护和经济发展的双赢。例如，发展有机农业、生态农业，生产绿色、有机、健康的农产品，可以提升农产品的市场竞争力和附加值；推广清洁能源、可再生能源，可以减少农村能源消耗和环境污染，实现能源的可持续利用；通过建设绿色建筑、节能环保建筑，可以提升农村住宅的居住质量和节能环保水平，改善乡村居民的生活条件。

（3）生态宜居的实现需要完善的制度和政策保障。政府在推动生态宜居的过程中，必须制定和实施科学的生态保护政策，提供有力的政策支持和保障措施。例如，通过制定和实施生态环境保护法规，加强生态环境的监督管理，确保生态环境的保护和治理；通过实施生态补偿机制，激励和引导乡村居民参与生态环境的保护和治理，共同维护乡村的生态宜居环境；通过提供财政支持、技术援助等措施，支持和鼓励乡村发展绿色产业，提升乡村的生态宜居水平。

3. 乡风文明是灵魂

乡风文明是乡村振兴的灵魂，是提升乡村社会文明程度、促进乡村和谐发展的重要因素。乡村振兴是乡村社会文明程度的全面提升。以下从三个方面深入探讨乡风文明对于乡村振兴的重要性。

（1）乡风文明建设是提升乡村社会文明程度的重要途径。加强乡风文明建设，可以有效提升乡村居民的文明素质，促进乡村社会的和谐发展。例如，开展乡村文化活动，可以丰富乡村居民的精神文化生活，提升乡村居民的文化素质和文明素养；实施乡村教育、宣传乡村文明新风尚，培养乡村居民的文明习惯和道德观念，可以树立乡村社会的良好风尚；加强乡村文化基础设施建设，改善乡村文化活动场所条件，可以为乡村居民提供良好的文化娱乐环境。

（2）乡风文明建设离不开良好的社会风尚和道德规范。加强社会风尚和道德规范的建设，可以有效提升乡村居民的道德水平，促进乡村社会的文明和谐。例如，开展乡村道德模范评选活动，树立先进典型，发挥榜样的示范引领作用，可以激励乡村居民学习先进、争做先进；实施乡村道德教育，普及道德知识，可以提升乡村居民的道德素质和道德水平；建立和完善乡村社会道德规范，规范乡村居民的行为准则，可以促进乡村社会的和谐稳定。

（3）乡风文明建设需要完善的制度和政策保障。政府在推动乡风文明建设过程中，必须制定和实施科学的乡风文明政策，提供有力的政策支持和保障措施。例如，通过制定和实施乡风文明建设规划，明确乡风文明建设的目标和任务，指导和引导乡风文明建设的有序开展；通过提供财政支持、技术援助等措施，支持和鼓励乡村开展乡风文明建设活动，提升乡村的文明水平；通过加强乡村文化、教育等公共服务，改善乡村居民的生活条件，为乡风文明建设提供良好的环境和条件。

4. 治理有效是基础

治理有效是乡村振兴的基础，是提升乡村治理水平、促进乡村社会和谐发展的重要因素。以下从三个方面深入探讨治理有效对于乡村振兴的重要性。

（1）完善的治理体系是实现治理有效的重要保障。建立和完善科学的治理体系，可以有效提升乡村治理的水平，促进乡村社会的和谐稳定。例如，建立和完善乡村治理结构，明确各级治理主体的职责和权限，可以确保乡村治理的科学高效；推进乡村基层治理创新，探索和推广乡村治理的新模式、新机制，可以提升乡村治理的水平和能力；加强乡村治理法治建设，健全乡村法律法规体系，提升乡村治理的法治化水平，可以确保乡村治理的规范有序。

（2）提升治理能力是实现治理有效的重要途径。加强乡村治理能力建设，可以有效提升乡村治理的效率和效果，促进乡村社会的良性运转。例如，加强乡村干部的培训和教育，提升乡村干部的治理能力和水平，可以确保乡村治理的科学高效；加强乡村治理信息化建设，利用现代信息技术提升乡村治理的效率和水平，可以实现乡村治理的智能化、信息化；加强乡村治理的监督和考核，建立和完善治理绩效评价体系，可以确保乡村治理的科学高效。

（3）治理有效的实现需要完善的制度和政策保障。政府在推动乡村治理过程中，必须制定和实施科学的治理政策，提供有力的政策支持和制度保障。例如，通过制定和实施乡村治理规划，明确乡村治理的目标和任务，指导和引导乡村治理的有序开展；通过提供财政支持、技术援助等措施，支持和鼓励乡村开展治理创新活动，提升乡村的治理水平；通过加强乡村治理的公共服务，改善乡村居民的生活条件，为乡村治理提供良好的环境和条件。

5. 生活富裕是目标

乡村振兴不仅是物质上的富足，更是精神上的满足，是乡村居民生活质量的全面提升。以下从三个方面深入探讨生活富裕对于乡村振兴的重要性。

（1）提升经济收入是实现生活富裕的重要途径。推动乡村产业的发展，提升乡村居民的经济收入，可以有效提升乡村居民的生活质量，实现生活富裕。例如，发展现代农业、乡村旅游、农村电子商务等多元化产业，拓宽乡村居民的收入来源，可以提升乡村居民的经济收入，帮助其致富，提升其生活质量。

（2）提升公共服务水平是实现生活富裕的重要保障。加强乡村公共服务建设，提升乡村居民的公共服务水平，可以有效提升乡村居民的生活质量，实现生活富裕。例如，加强乡村教育、医疗、文化等公共服务建设，可以提升乡村居民的教育水平、健康水平和文化素质；加强乡村社会保障体系建设，可以提升乡村居民的社会保障水平，保障乡村居民的基本生活需求；加强乡村基础设施建设，改善乡村的交通、通信、环境等基础设施条件，可为乡村居民提供良好的生活环境和条件。

（3）丰富精神文化生活是实现生活富裕的重要组成部分。丰富乡村居民的精神文化生活，提升乡村居民的精神文化素质，可以有效提升乡村居民的生活质量，实现生活富裕。

（二）乡村振兴的主要特征

1. 经济繁荣与产业多元化的特征

（1）农业现代化与高效发展。在乡村振兴的背景下，农业现代化和高效发展成为推动农村经济繁荣的重要力量。现代农业技术的应用和推广，如智慧农业、精准农业等，不仅提高了农业生产效率，还提升了农产品的质量和市场竞争力。智慧农业通过物联网、大数据和人工智能等技术手段，实现对农业生产全过程的监测和管理，从而减少资源浪费，提升产量和品质。精准农业通过精准的土地管理和作物管理，提高生产效率和经济效益。

农业产业链的延伸与价值链的提升，是实现农业高效发展的关键路径。通过农产品的深加工和品牌建设，农村经济得以不断壮大。例如，某些地区通过开发农产品加工产业，延长产业链，提高产品附加值，使农民收入显著增加。同时，通过品牌建设，提升农产品的市场认知度和美誉度，开拓更广阔的市场空间。

（2）农村产业融合与新兴业态。农村第一、二、三产业的融合发展，是乡村振兴的重要模式之一。例如，农业与旅游、教育等产业的融合，不仅拓宽了农民的收入来源，还促进了农村经济的多元化发展。农业+旅游模式通过发展观光农业、休闲农业，吸引城市游客前来观光消费，提高农民收入。农业+教育模式则通过开设农业培训课程和农业体验项目，推动农村教育资源的开发和利用。

新兴业态如农村电商和农村物流，在乡村振兴中发挥了重要作用。农村电商通过互联网平台，实现农产品的线上销售，打破了地域限制，扩大了市场覆盖面。同时，农村物流解决了农产品运输和配送的问题，提高了农产品的流通效率，促进了农村经济的发展。

（3）农民收入持续增长。农民收入持续增长，是衡量乡村振兴成效的一个重要指标。农民增收的渠道多样，包括农业经营收入、工资性收入和财产性收入等。农业经营收入主要源于农业生产和农产品销售，通过提高生产效率和产品附加值，农民的经营收入不断增加。工资性收入源于农民的务工收入，随着农村劳动力的转移和农村产业的发展，务工收入成为农民增收的重要渠道。财产性收入则包括土地流转、房屋出租等，通过土地和房产的合理利用，农民的财产性收入逐渐增加。

政策扶持和技能培训在促进农民增收方面起到了关键作用。政府通过一系列的政策措施，如财政补贴、税收优惠等，支持农村经济发展，提高农民收入。同时，通过技能培训，提升农民的职业技能和综合素质，增强他们的就业能力和创业能力，为农民增收提供有力保障。

2. 生态宜居与绿色发展的特征

（1）生态环境保护与修复。在乡村振兴战略中，生态环境保护的重要性和紧迫性愈加凸显。良好的乡村生态环境不仅是农民赖以生存的基础，也是农村经济可持续发展的保障。通过实施一系列的环境保护措施，如污染治理、生态修复等，农村的生态环境得到了显著改善。

具体措施包括农村生活垃圾处理、污水处理和农业面源污染治理等。例如，建立垃圾分类和回收系统，减轻农村垃圾对环境的污染；建设污水处理设施，防止污水对水体的污染；推广生态农业和有机农业，减少化肥和农药的使用量和使用频率，降低农业面源污染。

（2）绿色生产与生活方式。绿色生产与生活方式的推广，是实现农村生态宜居的重要途径。绿色农业、有机农业等环保生产方式，通过减少化肥和农药的使用，保护土壤和水源，提高农产品的安全性和质量。同时，推广绿色消费、节能减排等低碳生活方式，减少农村的能源消耗和环境污染。例如，推广太阳能、风能等可再生能源，减少对传统能源的依赖，降低能源消耗和污染排放；倡导绿色消费，鼓励农民购买环保产品，减少资源浪费和环境污染。节能减排措施如推广节能灯具、节水设备等，能够提高能源和水资源的利用效率，促进农村的可持续发展。

（3）生态宜居的美丽乡村建设。美丽乡村建设，是实现乡村生态宜居的重要途径。美丽乡村建设的标准与要求，主要包括环境整洁、生态良好、生活便利等方面。例如，改善农村基础设施建设，如道路、供水、供电等，提高农村的生活便利性和舒适度；美化乡村环境，如绿化、亮化等，提升农村的生态环境质量；发展乡村文化，丰富农民的精神文化生活，促进农村的社会和谐。

各地美丽乡村建设的成功经验和模式，值得借鉴和推广。例如，某些地区通过发展乡村旅游，提升了乡村的环境质量和经济效益；通过实施乡村振兴战略，整合资源，优化配置，提高了乡村的整体水平。美丽乡村建设，不仅改善了农村的居住环境，还提高了农民的生活质量，促进了农村经济和社会的全面发展。

3. 文化兴盛与文明传承的特征

（1）农村文化保护与传承。农村文化是乡村振兴的重要组成部分，是农村社会的精神支柱和文化根基。农村文化遗产、传统民俗、民间艺术等，具有重要的历史、文化和社会价值。保护和传承农村文化，是实现乡村文化兴盛的重要途径。

农村文化保护与传承的路径和策略，主要包括文化遗产的保护和利用、传统民俗的传承和弘扬、民间艺术的发掘和推广等。例如，加强文化遗产的保护，防止其遭到破坏和流失；开展文化活动和文化交流，传承和弘扬传统民俗；支持和鼓励民间艺术的创作和发展，发掘和推广农村文化资源，提高农村文化的影响力和吸引力。

（2）乡村文明新风尚。社会主义核心价值观的培育与践行，是树立乡村文明新风尚的重要内容。应深入开展社会主义核心价值观教育，引导农民树立正确的价值观念，培育文明乡风、良好家风、淳朴民风，促进农村社会的和谐与稳定。

推广农村文明乡风、良好家风、淳朴民风的建设，是乡村文明新风尚的重要途径。例如，开展道德模范评选、文明家庭评选等活动，树立榜样，激发农民的荣誉感和责任感，推动农村社会风气的改善和提升。此外，加强农村文化基础设施建设，如文化广场、图书馆等，丰富农民的文化生活，也有利于提高农民的文化素养和农村的文明程度。

（3）农村文化产业发展。农村文化产业的发展，是实现乡村文化兴盛的重要途径。农村文化资源丰富，具有转化为文化产业的优势和潜力。开发和利用农村文化资源，推动文化产业的发展，不仅可以促进农村经济的增长，还可以提升农村的文化影响力和竞争力。

农村文化产业发展的成功案例和经验，值得借鉴和推广。例如，某些地区通过发展民俗文化旅游，带动了当地经济的发展和农民的增收；通过支持和鼓励农村文化创意产业的创新和发展，促进了农村文化产业的繁荣。农村文化产业的发展，不仅丰富了农村的文化生活，还提高了农民的生活水平和幸福感，促进了农村的可持续发展。

4. 创新驱动与人才支撑的特征

（1）创新驱动发展战略。创新驱动发展战略，是乡村振兴的核心动力。科技创新、模式创新、制度创新等，有助于实现农村经济社会的全面发展和进步。科技创新是创新驱动发展的关键，通过加强农业科技研究和推广，提升农业生产技术和水平，提高农业生产效率和竞争力。模式创新是创新驱动发展的重要内容，通过探索和推广新的农业生产和经营模式，如合作社、家庭农场等，优化农业生产组织方式，提升农业生产效益。制度创新是创新驱动发展的重要保障，通过改革和完善农村政策和制度，激发农村经济社会发展的活力和动力。

（2）乡村人才队伍建设。乡村人才队伍建设，是乡村振兴的重要支撑。当前，乡村人才短缺，严重制约了乡村的经济社会发展。培养本土人才、吸引外来人才、用好现有人才，解决乡村人才短缺问题，才能为乡村振兴提供有力的人才支撑。

培养本土人才，是乡村人才队伍建设的基础。应加强农村教育和培训，提高农村人口的综合素质和技能水平，培养出一批扎根农村、服务农村的本土人才。

吸引外来人才，是乡村人才队伍建设的重要途径。提供优厚的待遇和良好的工作环境，可吸引更多的城市人才和专业人才到农村工作，补充和壮大乡村人才队伍。

用好现有人才，是乡村人才队伍建设的重要保障。应加强对现有人才的管理和使用，充分发挥他们的作用和价值，提高乡村人才队伍的整体水平和效能。

（3）农民素质提升与技能培训。提升农民素质与技能，是乡村振兴的重要内容。应加强农民培训和职业教育，提高农民的职业技能和综合素质，增强他们的就业能力和创业能力，从而促进农民增收和农村经济发展。

农民培训是提升农民素质与技能的重要手段。应开展各类培训班和技术指导，提高农民的生产技术和经营管理水平，从而增强他们的市场竞争力。职业教育是提升农民素质与技能的重要途径。

二、乡村振兴产业学院的价值诉求、实施路径与机制创新

乡村振兴产业学院是产业学院（职业教育办学）在乡村振兴国家战略背景下向乡村地区的延伸，是职业教育服务乡村振兴的一种办学模式探索与创新。它紧紧围绕乡村产业布局和产业人才需要，充分利用职业院校专业优势，突破传统职业教育学校办学地域限制，坚持"特色产业在哪里，职业教育就办在哪里，定制化产业人才就供给到哪里"的办学理念，将产业学院搬进乡村产业园区、田间地头，与当地政府和企业深度合作，通过定制课程、人才培养方案进行乡村产业人才的培养和培训[①]。它秉承产业学院建设理念，落实新修订的《中华人民共和国职业教育法》和国家乡村振兴战略，是职业教育服务乡村振兴的制度设计和办学形式创新，是发展乡村职业教育和职业培训的重要载体。它通过延伸教育链、服务产业链、支撑供应链、打造人才链，实现职业教育与乡村之间的有效衔接，推动形

[①] 韩春燕，王东强，管军. 乡村振兴产业学院的价值诉求、实施路径和机制创新[J]. 西北成人教育学院学报，2024（4）：40.

成职业教育同乡村人才市场需求相适应、同乡村产业结构相匹配的产教融合新格局。

（一）乡村振兴产业学院的价值诉求：突破乡村产业人才瓶颈

1.突破乡村职业教育资源匮乏的瓶颈

当前，职业教育作为人才培养与社会服务的关键载体，对于促进区域经济发展及培养高素质技术技能人才的重要性日益凸显。然而，乡村职业教育资源的稀缺性，尤其是与乡村产业发展需求之间的显著不匹配，成为制约乡村振兴发展的一大障碍。具体而言，职业教育在提升乡村产业人员学历层次、文化素质、专业技能及职业培训方面尚存在明显短板，难以满足乡村产业升级与转型的迫切需求。

我国乡村地区，尤其是偏远地区职业教育资源匮乏问题仍较突出。这些区域不仅缺乏高等职业教育机构，而且现有职业教育的覆盖范围与影响力有限，导致乡村高素质技能型人才的培养体系不健全，从而加剧了乡村人才的"空心化"现象。面对这一严峻挑战，传统的、被动的、单一化的推进模式已难以适应乡村振兴战略的新要求，探索创新路径、提升教育效果成为当务之急。

2.突破职业教育人才供给与乡村人才需求脱节的瓶颈

在我国乡村振兴战略深入实施的背景下，人才短缺已成为制约乡村发展的关键因素。随着对"一村一品"、特色产业、乡村旅游及农村电商等多元化发展路径的积极探索，乡村特色产业迅速崛起，新产业形态与业态层出不穷，展现出蓬勃的发展活力。然而，乡村技术技能人才的严重匮乏，成为制约这些产业进一步发展的重大障碍。这一问题的核心在于职业教育体系与乡村产业需求之间存在明显的错配，导致培养的人才难以有效下沉至乡村，难以在乡村产业中发挥实际作用，且难以长期留任，从而无法满足乡村特色产业发展对专业技能人才的迫切需求。

具体而言，职业院校在专业设置上往往未能充分考量区域乡村产业的实际需求，导致专业设置与乡村产业布局及需求脱节。此外，在专业人才培养目标、定位及规格方面，职业院校也未能精准对接乡村产业人才岗位的技术要求，致使所培养的人才在技能结构、知识体系等方面与乡村产业发展的实际需求存在较大差距。

3. 突破现行职业教育人才培养方式与乡村产业生产实际脱节的瓶颈

当前，职业教育体系在人才培养方面面临显著挑战，尤其是其与乡村产业生产实际之间的脱节问题尤为突出。职业教育的传统模式，往往局限于校园内部，过分强调专业界限，学历教育与技能培训之间缺乏有效的融合与贯通。在课程设置、实践教学、考核方式以及教学组织形式等方面，现有体系未能充分适应乡村特色产业生产的实际需求。

具体而言，职业教育的学制、课程安排及评价方式相对固化，缺乏与乡村企业生产实践的紧密对接。这种固化的教育模式未能充分反映企业生产的周期性特征以及不同产业的发展规律，从而导致了人才培养与乡村产业需求之间的不匹配。此外，职业学校通常远离乡村地区，使得基于工作过程的学习和工学结合模式难以实施。教师的教学内容与乡村产业生产实际脱节，学生的学习过程也未能与乡村产业生产过程紧密结合，进一步加剧了这种脱节现象。

4. 突破单向的人才供给方式与乡村职业教育人才需求错位的瓶颈

在当前的人才供给体系下，城市凭借其丰富的教育资源，成为技术技能型人才的汇聚与培育中心，能够为市场提供充足的技术技能人才。相比之下，农村地区由于教育资源短缺，不仅难以自主培养和吸引技术技能人才，还因基础设施相对落后和生活条件相对艰苦，导致本地人才大量外流，进一步加剧了乡村人才的稀缺性。这一状况导致了农村劳动力数量的锐减，同时伴随着农村劳动力结构的老龄化以及技能水平的不足，与现代农业生产对高素质劳动力的迫切需求形成了鲜明对比，矛盾日益突出。

（二）乡村振兴产业学院的实施路径：特色定制化的人才培养

1. 聚焦特色产业需求，精准对接乡村振兴人才战略

职业教育作为连接产业需求端与劳动力供给端的重要桥梁，其角色在促进乡村产业振兴中显得尤为重要。三者间形成了一个交互影响、动态传导的系统，共同推动着乡村振兴的深入实施。在这一背景下，职业院校需紧密围绕乡村特色产业的发展脉络，深入调研乡村特色产业的人才需求状况，精准把握区域乡村振兴的产业布局及重点发展方向。在此基础上，职业院校应充分利用自身专业优势，与地方政府携手共建乡村振兴产业学院，形成"特色产业引领，职业教育跟进，定制化人才供给"的良性循环。

2. 优化课程体系，定制特色的人才培养方案

在乡村振兴产业学院的人才培养体系中，课程体系与培养方案的优化占据着举足轻重的地位。为确保人才培养质量与社会需求的精准对接，学院需深入进行多维度调研，全面把握政府、企业及学生等关键利益相关者的期望与诉求。基于广泛的调研数据，学院应组织多方参与，通过细致协商，共同设计一套具有鲜明特色的人才培养方案。

（1）在培养目标的设定上，学院需展现出高度的精准性。学院应针对不同地域的特色产业对技术技能人才提出的具体要求，实施差异化策略，明确界定产业学院的人才培养目标。这一目标的设定，旨在确保所培养的人才能够紧密贴合乡村特色产业的发展脉络，实现人才培养与产业需求的无缝衔接。

（2）在教学内容的选择上，学院需围绕既定的培养目标进行精心规划。学院应深入剖析企业生产流程与学生未来工作内容的内在联系，精准设置教学内容、教学进度以及授课方式。这一过程强调实用知识与职业技能的深度融合，确保学生能够掌握最前沿、最实用的专业知识与技能。

（3）在教学进程与学制的安排上，学院需充分考虑学生生源的多样化特点。学院应设计具有针对性的教学计划，优化课程结构与学时分配，推行灵活的弹性学制，以适应不同类型学生的学习需求。学生可根据自身实际情况，在最长不超过六年的时间内分阶段完成学习任务。同时，学院还应根据企业与产业的生产规律，巧妙利用节假日及工（农）闲时期，实施

"旺工淡学"的错峰教学模式，从而有效化解企业生产用工与学生学习之间的时间冲突。

3. 实施送教上门，创新灵活的教学范式

职业院校在乡村振兴的背景下，将产业学院直接设立于乡村地区，这一举措标志着在办学机制上的重大革新，旨在实现人才的本地培养、本地就业与本地发展。该模式的核心在于实施送教上门策略，通过构建多元化、灵活性的教学体系，打破传统教育的空间与时间限制。

在具体实践中，职业院校坚持集中教学与分散教学的有机结合，充分利用线上与线下资源，形成线上线下互补的教学模式。同时，注重理论教学与工作实践的深度融合，以及学校教师与企业专家之间的紧密合作，共同营造"无界限学习"的环境，使学习无处不在、无时不有、无事不学。

针对课程特性和学生学情，职业院校可采取多样化的教学方式。例如，送教上门集中面授，为学生提供直接与教师交流的机会；采用"慕课+直播"的在线教学模式，打破地域限制，使优质教育资源得以广泛传播。此外，线上自学、工（家）闲时间学校集中授课，以及企业现场教学等方式的引入，进一步丰富了教学形式，满足了不同学生的学习需求。

在实践教学环节，职业院校紧密结合当地产业特色，通过参与企业实际项目的策划、运营与管理，将实践教学与生产经营活动紧密结合。这种实践教学生产化的模式，不仅提升了学生的实践能力，还使他们在"做中学、学中用"的过程中，更好地掌握了解决实际问题的能力，为乡村振兴和产业发展提供了有力的人才支撑。

4. 不断整合各方资源，保障人才培养的质量

在乡村振兴战略的深入实施中，治理主体的多元化与协同性成为推动乡村发展的关键要素。职业院校、政府以及乡村产业（企业）作为乡村振兴的核心力量，各自承担着不可或缺的角色与职责，共同构成了乡村振兴的多元治理体系。为了进一步提升乡村振兴人才培养的质量与效率，乡村振兴产业学院应运而生，这一创新模式通过深度整合职业院校、政府与乡

村产业（企业）的资源，构建了一个紧密相连、互利共赢的乡村振兴人才培养联盟。

乡村振兴产业学院不仅是一个教育平台，更是职业教育与产业需求深度融合的重要载体。它充分利用了县域人力资源的独特优势，通过定制化联合招生的方式，精准对接乡村产业发展的实际需求，实现了教育链、人才链与产业链、创新链的有机衔接。同时，学院与乡镇企业紧密合作，共建实训平台，将企业生产场地转化为学生的学习与实践场所，有效缩短了理论与实践的距离，提升了学生的职业技能与就业竞争力。

在师资队伍建设方面，乡村振兴产业学院更是独树一帜。它依托行业企业专家、职业教育领域专家以及一线技术骨干等优质资源，组建了一支结构合理、专兼结合的结构化教师团队。这支团队不仅具备深厚的理论功底，更拥有丰富的实践经验，能够为学生提供全方位、多层次的教学指导与实践支持，为乡村振兴产业学院的人才培养质量提供资源保障与智力支撑。

（三）乡村振兴产业学院的机制创新：构建乡村人才培养模式

1. 探索职业教育助力乡村振兴的新路径

在实施乡村振兴战略的过程中，破解人才瓶颈制约成为当务之急，而人力资本的开发被视为这一进程中的核心要素。针对乡村产业发展所面临的人才短缺问题，一种创新的解决方案逐渐浮出水面：通过深度整合地方政府与职业院校的资源优势，共同构建特色鲜明的乡村振兴产业学院。这一举措不仅为乡村振兴提供了坚实的人才支撑，还开辟了职业教育服务乡村振兴的全新路径。

近年来，国内多所职业院校积极响应国家号召，纷纷成立乡村振兴产业学院，如重庆财经职业学院的陇口乡村振兴学院、山东商业职业技术学院的乡村振兴产业学院，以及北海职业学院的乡村振兴产业学院等。这些学院的成立，标志着职业教育在助力乡村振兴方面迈出了实质性步伐，开启了人才培养的新篇章。

2. 创立乡村产业人才培养的新形式

乡村振兴产业学院作为职业教育与乡村发展深度融合的典范，秉持"学院植根乡野、专业对接产业、课堂延伸田间"的核心理念，致力于构建"产村校"三方协同的创新合作模式。该模式以乡村人才培养、社会服务供给与科学研究促进为核心目标，通过整合资源，打造了一个集专业设置、课程体系构建与实践基地建设于一体的"三位一体"学习教育平台。此平台不仅强化了职业教育的实践导向，还促进了知识传授与技能训练的有机融合。

学院通过实施"校园+乡村产业园"的办学模式，成功跨越了职业教育的地理界限，将教育资源直接输送至乡村腹地，实现了"送教上门"的服务理念。这一举措不仅拓宽了职业教育的覆盖范围，也增强了教育的针对性和实效性。同时，学院采用"学历教育+技能培训"的复合型培养方式，为乡村各类从业者及劳动力提供了灵活多样的学习路径。这一改革有效缓解了乡村人才在技能提升与家庭、工作兼顾之间的矛盾，促进了个人发展与社会责任的和谐统一，为乡村人才的持续成长开辟了新渠道。

进一步而言，通过"专业+产业"的深度融合策略，乡村振兴产业学院实现了职业院校特色专业与地方优势产业的无缝对接。这种产教一体化的模式，不仅精准对接了乡村特色产业的人才需求，还培养了一批具备专业技能和创新能力的高素质乡村人才，有效缓解了乡村特色产业人才匮乏的问题。此模式的成功实践，不仅为乡村振兴战略的实施提供了强有力的人才支撑，也为职业教育更好地服务于地方经济发展和社会进步提供了宝贵的经验与启示。

3. 构建乡村产业人才学历与职业培训融合发展的新通道

为响应乡村振兴战略，乡村产业人才的培养成为关键一环。乡村振兴产业学院在此背景下应运而生，其核心目标在于构建一个城乡一体化的职业教育与培训体系，旨在实现职业教育与培训资源在城乡之间，乃至区域内部的均衡分布与高效利用。该体系通过对县域内现有职业学校进行深度整合与重组，依据区域特色、行业需求及人才类型等多元维度，进行科学合理的资源配置，从而形成一个更加紧密、高效的教育网络。在此过程中，乡村振兴产业学院创新性地将学历教育与职业培训深度融合，贯穿于乡村产业人才培养的全周期之中。这一举措不仅打破了传统教育模式的界限，还搭建起一座连接学历提升与职业技能培训的"立交桥"，为乡村产业人才的全面发展提供了支撑。随着职业教育进入提质培优、增值赋能的高质量发展阶段，学院进一步聚焦工学矛盾的破解，将此作为推动乡村产业人才职业生涯发展的核心策略。通过精准对接产业需求，优化教育内容与方法，学院成功实现了学历教育与职业培训的"无缝衔接"，促进了产业链、教育链与人才链的深度融合与协同发展。这一系列举措不仅有效提升了乡村产业人才的综合素质与竞争力，更为乡村产业的蓬勃发展注入了强劲动力，为乡村振兴战略的深入实施奠定了坚实的人才基础。

4. 形成"四融六双"乡村产业人才培养的新模式

乡村振兴产业学院作为培养技术技能型乡村产业人才的重要载体，其目标在于培育出既能够深入乡村，又具备实用技能，还能够长期留驻并深受乡村欢迎的人才队伍。基于新农科建设的核心理念与框架，乡村振兴产业学院创新性地提出了"四融六双"的乡村产业人才培养新模式，旨在通过深度整合教育资源与产业需求，实现人才培养与乡村振兴的精准对接。

具体而言，"四融"策略包括：学校办学与县域发展深度融合，确保人才培养方向与地方实际需求紧密相连；特色产业与特定专业有机融合，使专业设置更加贴近区域产业特色，提升人才培养的针对性；人才培养与职业发展顺畅融合，为学生规划清晰的职业发展路径；生产过程与教学活动紧密结合，通过实践教学增强学生的实操能力。"六双"机制则进一步细化了这一模式：职业院校与地方政府作为双主体，协同合作，共同承担人才培养的责任；建立课堂教学与企业实践双基地，为学生提供多元化的学习环境；赋予学校课堂学习与乡村企业生产的双重任务，使学生在理论与实践间自由转换；认同职业学校学生与乡村产业从业者的双重身份，促进学生更好地融入乡村社会；建立职业学校专业教师与行业企业专家的双导师制度，确保教学内容的前沿性与实用性；建立学校与企业共同参与的双考核机制，全面评价学生的学业成果与职业能力。

通过这一系列创新举措，乡村振兴产业学院不仅探索出了一套可复制、可推广、具有示范意义的乡村产业人才培养方案，还制订了相应的课程标准和教学标准，为乡村产业人才的培养提供了基本模式与规范。这一模式的成功实践，不仅为乡村振兴产业学院的进一步发展奠定了坚实的基础，也为同类机构提供了宝贵的参考与借鉴，对于推动乡村振兴战略的深入实施具有重要意义。

第三节　课程思政与产业学院育人效果

一、课程思政概述

（一）课程思政的内涵要义

1. 立德树人是课程思政的价值本源

价值问题是开展课程思政的根本性、本源性问题，它关乎着课程思政的最终成效。对这一问题的回答，可从以下两个角度加以解读：从词源组成上看，"课程思政"由"课程"和"思政"构成，而这两个词语皆体现了育人的本质。一方面，育人是课程教学的重要目的。课程是学校教育的基础，课程的功能不仅在于促进知识体系向教学体系的转化，更重要的是在育人体系上，注重将其落实为培养人的蓝图。由此可见，在课程教学中，专业知识传授仅是教学的目的之一，更为重要的是让学生明事理、晓正途，让其所习得的知识与技能为国家和人民服务。此为课程的初衷与真谛。另一方面，育人是思想政治教育的最终归属。课程思政强调将思想政治教育融入各类课程教学，在知识传授的过程中加强对学生世界观、人生观、价值观的引导，帮助学生树立正确的民族观与国家观，这彰显我国人才培养中育人本体的价值。另外，从源起过程来看，课程思政是打破高职院校思想政治教育孤岛化困境，构建全员、全课程、全方位育人格局的产物。因此，自提出以来，课程思政便一直以提升高职院校立德树人的实效性为根本原则与终极目标。

2. 协同育人是课程思政的实行理念

课程思政之所以提出，是为了让各门课程保持与思想政治理论课同向同行，形成协同效应。因此，协同育人是贯穿课程思政始终的实行理念。为国家发展和民族复兴凝聚人才、培育人才及输送人才，是衡量中国特色社会主义高等教育水平的重要指标。为了实现人才培养目标，我国各类高校多方统筹，综合规划，但在一定程度上依然存在着重智轻德的现象。更准确地讲，虽然有越来越多的院校认识到了德育的重要性，也正在摸索行动路向，但此项工作的实效性仍有着很大的提升空间，而高职院校的人才培养重心依旧倾向于智育。从学校层面看，目前的德育工作以思想政治理论课课堂教学为主，虽结合各校特色及互联网技术开创了许多德育的新形式、新方法，但其具体育人效果还有待观察。

从高职院校具体的德育人员看，主体主要是思想政治理论课教师、辅导员、班主任等，这些群体只占高职院校所有职工人员的较小比例，仅靠这一小部分人完成德育使命显然是不够的，需要扩大德育主体。课程思政建设所践行的，正是让所有教师承担育人，尤其是德育重任，让所有课程都浸润思想政治教育，从而使学校德育工作的主渠道由思政课程转向全课程。所谓教书育人，正是要求教师在传授专业知识的同时，坚持育人为本、德育为先，引导学生坚持正确的世界观、人生观和价值观，这既是教师的教育初心与教育使命，也是课程教学应遵循的前提。课程思政依托各专业课和通识课，要求各类教师回归育人本源，聚焦育人价值，正确处理知识传授与价值引领的关系，立足立德树人价值同心圆，实现协同育人。

3. 显隐结合是课程思政的教学方法

推动课程思政建设落地生根，实现知识传授、价值塑造与能力培养的多元统一，需要制订科学的行动方案。其中，坚持显性教育与隐性教育的有机结合，是助力课程思政育人蓝图实现的最佳教学方法。高职院校作为新时期意识形态工作的前沿阵地，越来越重视学生的思想政治教育工作，其主要手段是抓住思想政治理论课这一显性课程，抓住思想政治工作队伍这一显性教育主体，而其他的隐性教育方法还未得到应有的重视。课程思政作为新的德育方案，需吸取经验教训，坚持显性教育与隐性教育的有机结合。在学校层面，调整教学体系、教材体系、学科体系和管理体系，实现各类课程培养与思想政治教育导向的有机融合，让思想政治教育无形无色却又无处不在。在教师层面，一方面，专业课、通识课教师要充分挖掘课程中蕴含的德育资源，寻求思想政治教育与专业教育的契合点，对学生进行显性教育。例如，工匠精神培育是德育与智育融合的最佳范式，它脱胎于技能型学科教育，贯穿于培育一名技能型学生的全过程。另一方面，教师要密切关注学生，当学生对当前际遇有所困惑时，要积极作为，探索实质性的介入方式，有意识地回答学生的问题，解除学生的困惑，从而触及学生认识与实践问题的隐性根源。

4. 科学创新是课程思政的工作思维

在社会大变革、文化大繁荣的时代，只有树立科学创新思维，才能从容应对层出不穷的困境与挑战。课程思政作为国家酝酿已久的教育教学改革方案，能有效提升青年学生的思想政治素质，推进高职院校落实"立德树人"根本任务。首先，课程思政展现了一种科学思维。课程思政将教书育人规律与思想政治工作规律结合起来，把立德树人内化到各类课程的教学环节中，使思想政治教育贯穿每一个课堂，实现"引大道"与"启大智"的有机融合。与此同时，课程思政强调要用辩证唯物主义和历史唯物主义的思维方式看待事物，这能帮助学生树立正确的世界观。其次，课程思政也展现了一种创新思维。在除思想政治理论课以外的其他课程中实施思想政治教育，这是前所未有的。作为一个新生事物，课程思政的前途是光明的，但发展道路是曲折的。因此，在建设的具体过程中，需要坚持创新思维，从而催生新思路，探索新方法，解决新问题，实现新发展。

（二）课程思政的基本特征

高职院校课程思政作为一种新的教育观、课程观，有着诸多特点，把握这些特点能帮助人们从认识层面更深刻地理解课程思政，从而在实践层面更有效地推进课程思政建设。

1.“三全育人”视域下课程思政的特征

高职院校课程思政作为加强和改进高职院校思想政治工作的新思路和新方法，是实现“三全育人”的重要途径。在“三全育人”视域下，课程思政有以下特点：

（1）合作性特点。课程思政强调各教学主体共同承担思想政治教育责任，强化合作，实现全员育人。教师的职责包括“教书”和“育人”，二者是不可分割的有机整体。前者要求教师向学生传授知识和技能，后者要求教师引导学生提升思想道德水平，树立正确的价值观念。正因教师肩负这一双重职责，他们才获得“人类灵魂工程师”的美誉。然而，学生的价值引领和思想政治教育主要由思想政治理论课教师承担，其他课程教师更多地专注于提升“教书”技能，育人功能发挥尚不足。思想政治理论课是高职院校思想政治教育的主要渠道，但并不是唯一渠道，同样，思想政治课教师是发挥育人功能的关键主体，但并不是唯一主体。在课程思政的视野下，每一位教师都是育人主体，都肩负育人职责，都应自觉承担对学生进行思想政治教育的责任。只有加强不同教学主体之间的通力合作，实现彼此协调、同向同行，才能在价值多元的复杂社会环境下，引导学生坚守主流意识形态阵地。

高职院校课程思政在坚持思政课程作为教学主渠道、思政课教师承担主要育人职责的前提下，更加强调专业课及其他课程教师的育人职责。相较于思政课程，专业课或其他课程开展思想政治教育有不少优势。从时间安排上看，高职院校思政课程多安排在大学一、二年级，专业课则贯穿整个大学阶段，连贯而充裕的教学时间如果加以合理利用，能较大程度提升育人效果。从内容设置上看，专业课及其他课程种类繁多，主题多样，不具有明显而又强烈的意识形态性，在知识学习和实践锻炼中进行思想政治教育，更能被学生理解与接受，这种渗透性、隐蔽性的特征能够起到潜移默化、润物无声的效果。因此，构建不同教学主体共同担责的全员育人环境，是课程思政的一个重要特征。

（2）衔接性特点。课程思政强调各个教学阶段一并进行思想政治教育，形成无缝衔接，实现全过程育人。一个人思想观念的形成以及道德品质的培养是一个长期过程，需要持续不断地加以引导与教化。这一时期正是青年人世界观、人生观、价值观打底塑形的关键时刻，在这紧要关头，思想政治理论课是帮助学生固本培元的人生必修课。我国大学生思想政治理论课的学习主要集中在大一、大二阶段，但是课程的结束并不意味着思政教育的终止，因为学生在不同的阶段会面临不同的思想困惑。例如，新生入学阶段会遇到适应新环境、处理人际关系的难题，而到了大三、大四，会产生毕业去向、职业选择的迷茫。因此，仅靠一门课程加以教育和引导显然是不够的。课程思政强调要在学生自步入大学校园到毕业离校所经历的每一个节点、每一个环节，都进行思想政治教育。针对大学生不同阶段的生活实际和思想特点，有目的、有计划地将思想政治教育渗透到各门课程的教学之中，从而实现各个教学阶段的无缝衔接，实现全过程育人。

（3）整合性特点。课程思政强调各类课程资源共同挖掘思想政治教育因素，加强有效整合，实现全方位育人。作为众多课程中的一个门类，思政课并不是高职院校思想政治教育的唯一渠道，它所具有的强政治性和强意识形态性，往往给人"空中楼阁"的印象，容易让人产生先入为主的排斥心理。而且，大学生已具备一定的理性思维能力，不再简单地、被动地接受某种价值观念，只有在认同这种观念的前提下，才能予以接受，并转化为内心的秩序加以遵守。通过课程思政建设，整合各类课程的思想政治教育资源，构建全方位育人体系，具有必然性，也兼具可行性。别的学科，尤其是属于哲学社会科学的课程，同样蕴藏着充足的思想政治教育资源，不过大多以不容易被发现的，带有渗透性和隐蔽性的形式存在。这些课程能够从不同角度，帮助学生理解马克思主义理论，确认其真理性，这对大学生接受和认同在思政课上所学的知识具有重要意义。同样地，其他课程的任课教师也会对学生产生一定程度的影响。在教学过程中，他们所传递出来的世界观、人生观、价值观以及思想道德素质等，存在着影响学生在思政课上所学知识的可能。所以，课程思政强调，各类课程要形成协同育人效应。

2. 心理学视域下课程思政的特征

思想政治教育不是一个简单的教育项目，而是一项全程育人、全员育人甚至全方位育人的系统化教育工程。从心理学层面上看，课程思政既符合心理学的基本原理，又契合大学生的心理发展逻辑[①]。心理学视域下高职院校课程思政的特点如下。

（1）潜隐性。人的意识由有意识和无意识构成，心理活动是两者的统一体。有意识和无意识相互依存、相互制约、相互转化，无意识是意识不可或缺的一部分。考察高职院校的思想政治教育时，可用心理学中的意识作用分析传统的思想政治教育。传统思想政治教育高度重视有意识的教学引导，如针对课程标准中规定的知识点和能力点，精心规划教学设计，力求学生完美掌握，对无意识作用的重视和利用则相对不足。因此，传统思想政治教育在互动性交往、情感性感受和认知性引导等方面存在不足，实效性成果也有所欠缺。从心理学角度看，思想政治教育过程应当同时重视有意识和无意识的心理作用，以实现教育的全面性，既要强调晓之以理、动之以情的有意识教育，也要注重体验、感染和认同等无意识教育。课程思政作为一种走出传统思想政治教育老路子的新思路、新方法，基于无意识心理作用分析，具有潜隐性特点，具体表现在以下方面。

第一，课程思政的目的注重内隐性。目的性是任何一种教育都必然存在的特点，思想政治教育也不例外。教育目的既可以通过循循善诱式引导或精心设计教学活动等显性方式加以实现，也可以通过把握思想政治教育

---

① 刘平国. 产教融合视域下高职院校"课程思政"理论与实践研究[M]. 湘潭：湘潭大学出版社，2020：31.

规律、了解学生身心特点、控制思想政治教育过程等隐含方式加以潜藏。如果将目的性潜藏在教育过程之中，发挥无意识心理的感染、认同作用，更容易产生实质性的效果。而课程思政就强调将思想政治教育渗透到各类课程教学中，实现春风化雨、润物无声。

第二，课程思政的过程崇尚自然性。任何教育都需经过"人为设计"才能实现预期目标，尽可能实现教育目的。但无意识心理作用的原理表明，教育过程中的"人为设计"必须兼顾其"自然性"，即教学规律以及受教者的身心特点。只有通过这种"刚柔并济"的教学方式，才能使教育流程顺畅自然，为学生所认同与接受。目前，高职院校的思想政治教育多强调知识讲解与理性分析，对教育过程中"自然性"的关注度不够。如何将知识固着在学生的情感基础之上，实现情知互补、情知合一，是思想政治教育需要攻克的难题。与传统方式相比，"课程思政"崇尚无意识状态下的"无痕教育"，注重在知识传授、技能培训过程中帮助学生树立正确的世界观、人生观和价值观，这一"柔性施教"方式能产生稳定、深刻的育人效果。

（2）融合性。高职院校课程思政注重将思想政治教育内隐到各类课程教学之中，在无意识心理作用的驱动下，实现"无痕教育"。而这一目标的实现，需要有意识心理作用的发挥，即专业课、通识课教师必须对任教课程有意识地进行设计，巧妙地把思想政治教育的相关内容渗透进课程教学当中。任何学习既是获得知识与技能的过程，也是滋养情感、态度和树立价值观的过程。其中的"伴随学习"，正是专业课、通识课融合思想政治教育的核心要义。基于有意识心理作用分析，课程思政具有融合性特点，具体表现在以下几方面。

第一，专业课程教学目标和思想政治教育的有机融合。专业课程教学目标的设定不能单纯地套用教育目标分类学方法，而需要深入研究课程教学目标的三大序列，即逻辑序列、心理序列和价值序列。逻辑序列是课程的科学属性，反映课程在学理上的规定性；心理序列是课程的心理属性，反映课程与学生心理特征和心理期待的吻合度；价值序列是课程的价值属性，反映课程的理论与实践意义。这三大序列相互关联，由此构成一个具有严密理论体系的课程教学目标。课程思政建设先要求思想政治教育与专业课程在教学目标上实现有机融合，而三大序列就是两者融合的有力抓手。逻辑序列要求思想政治教育在融合过程中遵循专业课程的科学规律，是课程思政的科学基础；心理序列要求思想政治教育在融合中把握不同专业学生的心理特点和心理期待，是课程思政的心理基础；价值序列要求两者的融合体现社会主义核心价值观的要求，是课程思政的本质属性。三者相互配合，形成融合性专业课程思政目标体系。

第二，专业课程教学过程与思想政治教育的有机融合。教学过程是将课程思政落到实处的中心环节，它关乎预设的融合性教学目标能否实现，以及传递的价值理念能否真正让学生入脑入心的问题。在传统的教学方式中，专业课程教学多注重知识性教学，即强调知识的"授受"过程，教师是主动者，学生是被动者，这种单向模式忽视了学生情感、态度和价值观的建构，削弱了育人效果。人本主义课程论认为，教育目的应同受教育者的生长、整合和自主等观念联系在一起，为了达成这一教育目标，应进行合成课程的教学设计。合成课程的精义是情感领域（情绪、态度、价值）与认知领域（理智的知识和能力）的整合，情感方面的因素是增添到课程中去的，从而赋予学习内容以一种个人的意义，这与课程思政的实行理念相契合。课程思政强调在各类专业课程的教学过程中，除传授专业知识外，还需要培养学生对自己、对他人、对社会、对生活的正确态度，引导其树立正确的世界观、人生观、价值观，以及形成辩证科学的思维方式。

第三，专业课程教学方法与思想政治教育的有机融合。如果教学过程是实现课程思政的中心环节，那么教学方法的设计是教学过程具有教育性的重中之重。开展课程思政建设，要求专业课及其他课程教师通过艺术性的教学方法设计，将思想政治教育与课程教学有机融合，这是实行课程思政需要重点注意的问题，但实际操作是有一定难度的。由于各类课程的性质、特点、目标等各不相同，教师在融合思想政治教育时就会面临不同的操作难题。有的需要在教学内容上下功夫，有的需要探究情感体验的融合渠道，有的需要注重思维方式的融合性，诸如此类。但不管采取哪种教学方式，课程思政的核心在于赋予一般的知识教育课程思想政治教育的功能，以实现对学生的价值引领。

（3）系统性。系统是事物之间相互联系、相互影响、相互作用而构成的一个有机整体，而系统性是物质世界与精神世界的常规属性。传统的思想政治教育之所以实质性效果不佳，原因之一就在于缺乏系统性。各类教育主体、各类课程常常单打独斗、各自为战，家庭、学校、社会等教育力量常常错位，无法实现有效衔接。要破解这一难题，就需要注重系统筹划，使社会主义核心价值观真正入脑入心。心理学认为，人的心理受内外两个系统的影响。对内，人的心理由认识、情感、意志，以及个性倾向、个性心理特征等构成完整系统；对外，人的心理系统又与周围的物质环境、精神环境相互作用，构成更加复杂的情景系统。系统内部和系统之间相互影响、相互制约，从而影响个体的发展。就课程思政而言，也必须注重系统性，关注自然环境、社会环境、心理环境等对学生的影响，从整体出发，汇聚各方力量，实现综合育人、协同育人。基于情境互动心理作用分析，课程思政具有系统性特点，具体体现在以下方面。

第一，物质情境的建构蕴含思想政治教育。情境中的"情"表示的是一种主观感受，"境"则代表客观环境，因此，物质情境中包含着人的心理系统与客观环境的交互作用，正是这种作用拓展了课程思政的育人空间。高职院校作为教书育人的场所，除教师和书本打造的精神世界外，校园内广阔的物质空间也承载着一定的育人价值。一个单个的物体似乎并不能表达完整的物质文化内涵，但人对它的知觉往往是从周围环境的整体性中加以把握的，所以，构筑一个系统完整的物质情境能更好地实现课程思政的效能。对于高职院校中的物质环境要素，可以进行教育构思与打磨，使其在承载一定审美内涵的基础上具备特定的价值内涵，或象征某种精神，或启迪某种智慧，然后通过学生心理与物质环境之间的互动，使他们的内心世界产生积极变化，由此以一种间接的、内隐的方式达成课程思政的目标。

第二，精神情境的营造彰显思想政治教育。大学既是一个物质实体，也是一个精神实体，每一所大学都有各自独特的精神文化生成机制。大学精神或附着于校内的各种精神载体上，或彰显于行为主体的交流互动中，凝结着民族精神与价值理念，以此形成的强大精神场域能为课程思政营造育人氛围。一般而言，大学精神可分为三个层次：一是智能层面的大学精神，由人文科学、社会科学和自然科学的知识系统所映射，能启迪学生的智慧，激发学生的思维；二是文化层面的大学精神，由校园内的各种文化活动所展现，能激发学生感受美、鉴赏美、创造美的审美需求；三是人格层面的大学精神，由校园各类主体的文明友爱、互助融洽等行为方式和高尚道德情操所彰显，能激发学生理性，引领价值追求。因此，健康向上的精神情境能塑造学生的价值理念，从而催生一定的价值行为，这与课程思政的目标不谋而合。

第三，人际情境的互动助推思想政治教育。相较于主客体之间的情境互动，主体之间的人际互动更能营造"以人教人"的育人氛围。人际情境指的是人与人之间相互作用而构成的一种情境系统，高职院校中的人际情境主要有师生互动情境和生生互动情境两大类。实施课程思政，需要借助人际情境的互动作用，其所带来的育人效能是以书本为中心的课程教学无法实现的。在师生互动情境中，"沟通-对话"模式更能实现心与心的融通，这也符合大学生的知识水平、思维方式和心理成熟程度；在生生互动情境中，良好的生活交往、学习互助、课堂交流等，往往能产生比师生互动更大的教育影响。因此，对人际互动情境进行系统性、科学性设计，能够助推课程思政建设。

（三）课程思政的建设价值

高职院校是我国职业教育的重要组成部分，承担着为经济社会发展输送高素质技术技能型人才的重要使命，在我国高等教育中发挥着举足轻重的作用。在高职院校中进行课程思政建设探索，是新形势下加强高职院校思想政治工作的题中之义，也为现代职业教育的人才培养指明了方向。

1. 课程思政建设是高职院校推进立德树人工作的有效支撑

高职院校要把立德树人的成效作为检验学校一切工作的根本标准，真正做到以文化人、以德育人，不断提高学生思想水平、政治觉悟、道德品质、文化素养，做到明大德、守公德、严私德。要把立德树人内化到学校建设和管理各领域、各方面、各环节，做到以树人为核心，以立德为根本。中华民族历来重视教育，尤其是道德教育。在中华民族的价值观中，成功的教育必须包含道德教育。立德树人是在中国特色社会主义进入新时代的历史背景下，在继承中华民族优秀教育传统的历史基础上，在实现中华民族伟大复兴梦想的指引下，结合时代发展与当代国情，逐渐形成的一个完整的教育理论体系。高职院校实施课程建设是推进立德树人工作的有效支撑。

高职院校实施课程思政建设，能进一步明确教师"教书育人"的根本使命。立德树人，师德为先。育有德之人，需靠有德之师。教师是学生的引路人，只有教师不断加强自身修养，才有助于社会主义的优秀接班人和可靠建设者的高质量培养。在人才培养方面，大部分高职院校更倾向于培养学生的技能，而在育人、育德方面还不够重视。实施课程思政要求每一位教师在教育教学过程中把握好立德树人这一根本任务，这既能帮助教师不断提高自身道德修养，做到以德立身、以德立学，从而以德施教、以德育德，又能激励教师发挥能动作用，使每门课程都能发挥思想政治教育功能，实现"教书"和"育人"的双重使命。

高职院校实施课程思政建设，能有效培养德才兼备、德智体美劳全面发展的社会主义接班人。人是社会环境的产物，是一切社会关系的总和。人只有做到个体价值与社会价值的统一，才能实现真正的自我价值。高职院校通过实施课程思政建设，将思想政治教育有机地融入各门课程之中，牢牢抓住"培养什么人"这个根本问题，紧紧把握课堂教学这一主渠道，能够实现知识传授与价值引领的有机统一，达到立德树人的效果。

2. 课程思政建设是高职院校完善"三全育人"的重要保障

高等教育是最高层次的国民教育，肩负着人才培养、社会服务、国际交流的重要使命，随着中国特色社会主义进入新时代，我国高等教育迎来了新的发展机遇，但在人才培养的根本任务上也面临着新的更高的要求。如何立足世情国情，培养大批适应社会发展要求、契合人民群众期待、匹配国家国际地位、有着坚定理想信念与正确政治立场的有用人才，是新时代我国高等教育必须解决的重大问题。"三全育人"（全员育人、全过程育人、全方位育人）体现了高等教育立德树人的内在要求，深化了对我国高职院校思想政治教育工作的规律性认识。

推进高等教育"三全育人"，就是要把立德树人融入学校学科体系、教学体系、教材体系、管理体系等教育教学各环节和各方面，全员、全过程、全方位锻造能够担当民族复兴大任的时代新人。其中，全员是指学校全体教职工，既包括党政干部、辅导员、班主任、思想政治理论课教师，也包括其他学科教师、教辅人员乃至各类职能部门的行政人员、后勤服务人员等。他们都应强化育人意识，在本职工作中教育或引导学生树立正确价值观念，自觉承担立德树人根本任务。全过程，意在把立德树人融入教材选择、质量验收、课程设置、备课授课等不同环节，贯穿学生从入学到毕业的整个过程，形成全领域、长时段的育人机制。全方位，是指打造校内校外、课内课外、线上线下的多维育人格局。总体而言，全员、全过程、全方位育人既有各自的内在要求，又构成一个相互联系、相互贯通的有机整体。高职教育作为高等教育中不可或缺的组成部分，承担着为社会主义现代化建设输送技能型人才的重要任务，面对新的发展要求，高职院校需要以"三全育人"为基本遵循，全面统筹，整合各方力量搭建一体化的育人体系。实施课程思政要求包括思想政治理论课在内的所有课程都发挥育人功能，所有教师都肩负育人职责，这是完善高职院校"三全育人"工作的重要保障。

实施课程思政，能够打破高职院校思想政治教育工作孤岛化现象，确保育人工作贯穿教学全过程。在高职院校，思想政治教育、通识教育、专业教育是主要的三种教育类型，就教学内容和教学实践而言，思想政治理论课由于课时较短，且课程单一，容易让学生产生枯燥感，育人效果可能不够理想。相比较而言，通识课和专业课的课程时间较多，教学内容也更为丰富，但这两种教育类型更注重知识传授与技能培训，很少发挥价值引领作用。因此，三大教育类型"各自为战"的现象严重阻碍了高职院校育人工作的进展。课程思政强调在思想政治理论课发挥主导作用的同时，在通识课和专业课中也贯穿社会主义核心价值观教育，由单一的"思政课程"转向多层面的"课程思政"，实现各类课程与思想政治理论课同向同行，发挥"1+1＞2"的效果，实现协同育人。

高职院校实施课程思政，能够凝聚各类课程以形成合力，提升高职院校育人工作的实效。自现代大学产生以来，两大主流思潮——人文主义思潮和工具主义思潮影响着大学教育的改革发展。高职院校实施课程思政，可以实现工具理性与价值理性的统一。以思政课为核心，通过挖掘各类课程的思想政治教育资源，编织多维度的价值引领网，画出同向、同频、同力的"同心圆"，从而实现知识传授、能力培养与价值塑造的有机统一，推动建成"知识型、技能型、创新型劳动者大军"。

二、产业学院课程思政建设

产业学院是高职院校与地方政府、行业企业等多主体共建共管共享的新型组织形态，是人才链、产业链、创新链的中间组织。课程思政构建全员、全程、全课程育人格局的形式，使各类课程与思想政治理论课同向同行，形成协同效应，把立德树人作为教育的根本任务[①]。

（一）产业学院课程思政建设的意义

课程思政建设在现代产业学院教育体系中扮演着至关重要的角色，其核心目的在于贯彻立德树人的教育理念。通过深入挖掘产业学院课程知识体系中的思想价值与精神内涵，课程思政不仅拓宽了专业课程的维度，也深化了其内涵，同时提升了教育的温度，这一过程对于塑造学生的世界

---

① 邹霞，段雨辰.现代产业学院视域下课程思政教学改革的路径探究[J].大学，2024（21）：1.

观、人生观和价值观具有显著的促进作用，实现了培养符合党和国家需要的人才的教育目标。

课程思政教学改革是推动产教融合、提升教育质量的关键途径。产教融合是确保教育链、人才链与产业链、创新链有效对接的重要机制。现代产业学院作为促进产教融合、校企合作的创新模式，通过课程思政教学改革，能够将产业需求和行业标准有机地融入教学内容中，使思政元素与专业教育更加紧密地结合，从而实现思政教育与专业教育的无缝对接。

此外，课程思政教学改革是培养德才兼备的新型应用型人才的必然要求。这类人才不仅需要具备坚定的政治方向和正确的价值观念，同党中央保持高度一致，还应具备家国情怀、工匠精神和创新精神。同时，他们还应掌握扎实的文化知识、专业技能和较强的实践能力。课程思政教学改革正是对这种人才需求的积极回应，它通过将思想政治教育融入专业教育，培养出既专业又具有社会责任感的人才。

尽管课程思政教学改革具有重要的意义和价值，但当前仍面临一些挑战。首先，课程思政协同育人制度尚不完善。课程思政并非孤立存在，而是一个包含多个教学环节的系统工程，需要各教育主体共同参与和协作。然而，目前产业学院在课程思政方面尚未形成一个完整且坚实的协同育人机制。其次，教学团队尚未完全适应课程思政的要求。教师对课程思政的理解不够深入，缺乏相应的教学经验和技能；同时，思政课教师对专业课程的了解不足，参与度有限；教学队伍之间缺乏有效的合作，尚未形成合力。最后，具有产业特色的课程思政教育体系尚未完全建立。一些现代产业学院仍处于探索阶段，课程思政往往被简化为专业课程与思政课程的简单叠加，缺乏科学化和体系化的课程思政教学体系。

（二）产业学院课程思政建设的路径

1. 加强顶层设计，打造具有产业与专业特色的课程思政品牌

为深化课程思政建设，现代产业学院立足产业发展前沿，精准对接行业标准及企业需求，系统规划并构建富含产业特色与专业底蕴的课程思政

体系。此过程需细致剖析各专业核心素养，科学设定融合专业知识、技能培养与价值引领的三维教学目标。通过将课程思政理念深度融入专业课程设计与实施，实现知识体系与价值导向的同步构建，促进教育资源与产业资源的配置优化。进一步讲，学院应携手行业伙伴，共筑高产出的产教融合课程思政品牌。例如，某些院校紧密围绕区域经济发展战略，如"智能制造"等产业集群布局，深入挖掘地域文化资源中的思政元素，如新时代工匠精神的传承与创新，有效促进教育链、人才链与产业链、创新链的深度融合与协同发展，为培养既精通专业技能又具备高尚品德的复合型人才提供坚实支撑。

2. 加强"三教"改革，探索产业视域下课程思政改革新路径

（1）教材改革的深化与多元化。在课程思政改革的浪潮中，教材作为知识传递与价值塑造的重要载体，其改革显得尤为重要。首先，针对教材内容的深化，各门课程需紧密围绕自身知识体系，深入挖掘并融入思政元素，如中华优秀传统文化、红色革命精神、职业道德规范、工匠精神及劳模精神等，引导学生树立正确的社会主义核心价值观，实现知识传授与价值引领的有机统一。此过程不仅要求教师对课程内容有深入的理解，还需具备将思政元素与专业知识巧妙融合的能力，确保教材既具有学术性，又富含思想性。其次，随着信息技术的飞速发展，教材形式的多样化成为提升教学效果的又一关键。除了传统的纸质教材，还应积极探索电子版教材、案例集、经典作品集等多元化教学资源的开发与应用，利用教学视频、微课等新媒体形式，增强教材的可读性和吸引力，满足学生多样化的学习需求，激发学生的学习兴趣和主动性。这种教材形式的创新，不仅能够拓宽学生的学习渠道，还能促进教学方式的现代化转型。

（2）教法改革的创新与实践。教法改革是课程思政改革不可或缺的一环。首先，倡导以教材为基础、问题为导向、学生为主体的互动教学模式。该模式强调教师在教学过程中的引导作用，鼓励学生主动思考、积极讨论，通过解决问题的过程深化对知识的理解，增强教学的针对性和有效性。同时，师生互动的加强有助于构建和谐的课堂氛围，提升学生的参与度和满意度。其次，美育的引入，为课程思政注入了新的活力。美育作为培养学生审美情趣和创新能力的重要途径，可通过美术、音乐、舞蹈、戏剧、影视、演讲等多种艺术形式，使教学内容更加生动有趣，提高内容教学的吸引力和感染力。这种教学模式不仅能够丰富学生的情感体验，还能在潜移默化中培养学生的审美能力和人文素养，为课程思政目标的实现提供有力支撑。最后，项目化教学模式的实施，为课程思政与社会实践的深度融合提供了可能。现代产业学院应充分利用与企业合作的资源优势，以实际项目为载体，让学生和教师直接参与到企业的技术研发和服务中去。这种教学模式不仅能够将理论知识与实践操作紧密结合，还能让学生在项目实践中体验社会、增长才干，实现思政小课堂与社会大课堂的有效对接。

（3）教师改革的推进与团队建设。教师作为课程思政的直接实施者，其素质和能力直接影响着改革的效果。因此，教师改革应着重于"双师型"教师队伍的构建和多元教学团队的组建。一方面，通过制度和利益导向，鼓励教师深入企业实践，提升其专业技能和实践经验，同时聘请企业工程技术人员到校任教，实现理论与实践的双向互动。这种"双师型"教师队伍的建设，有助于提升课程思政教学的专业性和实践性，推动现代产业学院课程思政建设的深入发展。另一方面，组建由思政课教师、各课程教师、学生、校内外英模先进人物、大国工匠等多元主体构成的教学团队，充分发挥各成员的优势和特长。思政课教师参与其他课程的思想政治教育的研究，与各专业任课教师相互学习、共同提升，有助于打造高质量的教学团队；学生参与课程思政教学，不仅能够增强其主体意识和责任感，还能促进师生之间的有效沟通与合作；英模先进人物和大国工匠的加入，则能够以其自身的榜样力量，引领学生健康成长，为课程思政注入强大的正能量。

三、三方协同视域下农牧电商产业学院课程思政建设

农牧电商产业作为现代农业与现代信息技术融合的产物，其发展对推

动乡村振兴、促进农业现代化具有重要意义。而农牧电商产业学院作为培养相关人才的重要基地，其课程思政建设显得尤为重要。三方协同，即政府、学校、企业三方紧密合作，为农牧电商产业学院的课程思政建设提供了新的视角和路径。

（一）三方协同在农牧电商产业学院课程思政建设中的意义

1. 政府角色的定位与作用

政府在三方协同中扮演着宏观指导者和政策支持者的角色。一方面，政府可以通过制定相关政策，引导和支持农牧电商产业的发展，为产业学院提供良好的外部环境。例如，出台优惠政策鼓励企业参与产教融合，为学院与企业合作搭建平台。另一方面，政府可以加强对课程思政建设的指导和监督，确保产业学院在培养人才的同时，注重学生的思想政治教育，培养出既具备专业技能又拥有良好思政素养的复合型人才。

2. 学校角色的定位与作用

学校是农牧电商产业学院课程思政建设的主体。学校应充分发挥其在教育资源、师资力量等方面的优势，将思政教育有机融入专业课程教学中。具体而言，学校可以通过优化课程设置，将思政元素融入农牧电商相关的专业课程，如市场营销、电子商务运营、农产品品牌建设等，使学生在学习专业知识的同时，树立正确的世界观、人生观和价值观。此外，学校还应加强与企业的合作，共同开发思政教育资源，提升课程思政的针对性和实效性。

3. 企业角色的定位与作用

企业在三方协同中发挥着实践平台和资源提供者的作用。企业可以将自身的实践经验、行业趋势和市场需求等信息反馈给学校，帮助学校调整课程设置和教学内容，使人才培养更加符合行业需求。同时，企业可以为学生提供实习或实训机会，使学生在真实的工作环境中锻炼技能，增强思政教育的实践性和感召力。此外，企业还可以通过设立奖学金、提供就业指导等方式，激励学生努力学习，树立正确的职业观和就业观。

（二）三方协同视域下农牧电商产业学院课程思政建设的路径

1. 构建三方协同机制

要实现三方协同在农牧电商产业学院课程思政建设中的有效作用，首先需要构建一套完善的协同机制。这一机制应包括政府、学校、企业三方的职责分工、沟通协调、资源共享等方面的内容。政府应加强对产教融合的政策引导和支持，为学校和企业合作提供政策保障；学校应主动与企业对接，了解行业需求，调整课程设置；企业应积极参与人才培养过程，为学校提供实践平台和资源支持。

2. 优化课程思政内容体系

在三方协同框架下，农牧电商产业学院应优化课程思政的内容体系。一方面，要结合农牧电商行业的特点，将思政教育融入专业课程，如通过案例分析、项目实践等方式，引导学生关注行业发展、关注社会民生，培养学生的社会责任感和使命感。另一方面，要开设专门的与职业道德、法律法规、创新创业等相关的课程，提升学生的思政素养和综合素质。

3. 加强师资队伍建设

教师是课程思政建设的实施者，其思政素养和教学能力直接影响课程思政的效果。因此，农牧电商产业学院应加强师资队伍建设，提升教师的思政素养和教学能力。具体而言，可以通过引进具有丰富实践经验和极高思政素养的教师、开展教师培训、组织教师交流研讨等方式，提升教师队伍的整体素质与水平。同时，还应建立激励机制，鼓励教师积极参与课程思政建设，提高其工作积极性和创造性。

4. 强化实践教学环节

实践教学是课程思政的重要组成部分，对于增强学生的思政素养和实践能力具有重要作用。农牧电商产业学院应强化实践教学环节，通过校企合作、工学交替等方式，为学生提供更多的实践机会。例如，可以与企业共同建设实训基地，让学生在真实的工作环境中锻炼技能；可以组织学生参与社会实践活动，如志愿服务、社会调查等，增强学生的社会责任感和奉献精神。

5.完善评价体系

评价体系是检验课程思政建设成效的重要手段。农牧电商产业学院应完善评价体系，建立科学合理的评价标准和方法。具体而言，可以将思政素养纳入学生综合评价体系，通过课程考核、实践活动、师生评价等多种方式，全面评价学生的思政素养和综合素质。同时，还应加强对课程思政建设过程的监督和管理，确保各项措施落到实处、取得实效。

参 考 文 献

[1] 张颖.高职院校产业学院建设路径探究[J].天津职业院校联合学报，
　　2024，26（10）：19.

[2] 刘逸萱，雷欣欣.高职院校农牧电商产业学院运行机制探索[J].互联网
　　周刊，2023（19）：42.

[3] 槐福乐，常熙蕾.高职院校产业学院高质量发展的背景、内涵与实践路
　　径[J].武汉交通职业学院学报，2023，25（2）：71-77.

[4] 陈杰.数字经济背景下农牧电商产业学院数字化复合型人才培养新路径
　　[J].营销界，2022（19）：161-163.

[5] 蔡佳伟，贺子轩，沈丽，等.新常态下农牧电商发展路径探析[J].中国
　　市场，2018（8）：1921-193.

[6] 李明慧.大学生创新创业理论与技能指导[M].成都：四川大学出版社，
　　2021.

[7] 苏新留，曹留成.政校企协同建设现代产业学院的逻辑、问题与策略
　　[J].教育与职业，2023（12）：50-57.

[8] 杨骞，祝辰辉.乡村振兴的中国道路：特征、历程与展望[J].农业经济
　　问题，2024（2）：4.

[9] 黄俊.推进乡村生态振兴的三重逻辑分析[J].牡丹江大学学报，2024，
　　33（3）：60.

[10] 文豪.高职院校课程思政建设的理论与实践研究——评《课程思政：
　　从理念到实践》[J].科技管理研究，2023，43（17）：256.

[11] 刘平国.产教融合视域下高职院校"课程思政"理论与实践研究[M].
　　湘潭：湘潭大学出版社，2020.

[12] 韩春燕，王东强，管军. 乡村振兴产业学院的价值诉求、实施路径和机制创新[J]. 西北成人教育学院学报，2024（4）：40.

[13] 邹霞，段雨辰. 现代产业学院视域下课程思政教学改革的路径探究[J]. 大学，2024（21）：1-2.

[14] 赵爽，陈海萍. "大思政"格局下现代产业学院多元主体协同育人研究[J]. 教育观察，2023，12（7）：31-34.

[15] 朱辉. 产业学院背景下校企"双师"队伍培养机制创新的问题与对策[J]. 创新创业理论研究与实践，2023，6（11）：58-60.

[16] 王飞. 高职院校现代产业学院"四位一体"育人模式研究[J]. 科教文汇，2024（18）：144-147.

[17] 宁启扬. 高职院校产业学院师资队伍建设的问题诊断、根源透视与策略导向[J]. 天津职业大学学报，2024，33（5）：50-57.

[18] 赵红，谷丽洁. 产业学院课程开发的价值、冲突与消解路径[J]. 高等职业教育探索，2021，20（4）：28-31，54.

[19] 黄艳. 产教融合的研究与实践[M]. 北京：北京理工大学出版社，2019.

[20] 任聪敏. 职业教育产教融合的发展演进、形成原因与未来展望[J]. 教育与职业，2021（4）：25-31.

[21] 李成龙. 论高职院校校企合作班的意义[J]. 科教导刊-电子版（下旬），2017（3）：5.

[22] 谢剑虹. 职业院校校企合作研究的理论与实践[M]. 长沙：湖南人民出版社，2017.

[23] 史伟，杨群，陈志国. 新时期职业教育校企合作办学模式探索[M]. 天津：天津科学技术出版社，2018.